Dino Mikozil

LE RECIT DE HADJA ZARA, MA SŒUR ADOPTIVE

Dino Mikozil

LE RECIT DE HADJA ZARA, MA SŒUR ADOPTIVE

Éditions Muse

Cover image: www.ingimage.com

Publisher:
Éditions Muse
is a trademark of
Dodo Books Indian Ocean Ltd., member of the OmniScriptum S.R.L Publishing group
str. A.Russo 15, of. 61, Chisinau-2068, Republic of Moldova Europe
Printed at: see last page
ISBN: 978-620-2-29983-1

Dino MIKOZIL

LE RECIT DE HADJA ZARA, MA SŒUR ADOPTIVE

Chapitre premier : Les préludes à mon entretien d'embauche.

Le dimanche quinze mars deux mille quinze était pour moi un jour particulier. Depuis près de deux semaines, j'ordonnais soigneusement mes idées par rapport à un domaine que j'étais plus ou moins sûre de maîtriser : la sociologie des conflits armés dont mes études venaient d'être sanctionnées un an plus tôt par un Master professionnel à l'institut Martin ZAMBA de Yaoundé. Mes derniers travaux ne consistaient plus alors aux seules études, mais je tâchais surtout de préparer un entretien d'embauche dans un organisme aussi prestigieux que le Haut Commissariat des Nations Unies pour les Réfugiés. Il me fallut donc oublier toutes ces précédentes tentatives infructueuses dans les autres structures et organismes. Durant tout ce temps, je multipliai les entretiens avec mon parrain et divers experts. Aussi, je maximisai les recherches sur les sites internet ayant trait à ce que je sollicitais. Les points sur lesquels je m'appesantissais furent la maîtrise du domaine auquel j'aspirais, le tempérament, la posture, la tenue vestimentaire, le langage corporel, entre autres. Je caressais depuis longtemps le rêve de travailler dans un organisme humanitaire, de surcroit onusien.

J'avais mon costume prêt, cousu sur mesures et livré à temps par HAMADOU le meilleur couturier du quartier qui était d'origine sénégalaise. Dans cet ensemble jupe et veste de couleur bleue-clair puis chemise blanche, je me sentais très bien lors des essayages et sa beauté faisait l'unanimité aussi bien à l'atelier qu'à la maison. Maman avait complété le tout par une belle paire de chaussures légèrement hautes de couleur noire ; du cuir ciré flambant neuf dont les pointes laissaient paraître deux de mes orteils à chaque pied, ce qui mettait en valeur le vernis rouge-bonbon que mes doigts faisaient davantage étinceler. Bref, tout laissait croire que je pourrais respecter les horaires de coucher et réveil tels que prescrits par mes encadreurs.

A vingt heures, je fis semblant de dormir dans ma chambre. Mon père, administrateur civil principal à la retraite avait la conviction de m'avoir pourvu de tous les moyens nécessaires pour me permettre d'aborder l'échéance du lendemain dans les meilleures conditions possibles. Ma mère était encore en service dans ses fonctions d'agent comptable dans une micro finance. Elle me prend toujours pour une gamine. Elle surgissait dans ma chambre au moindre souvenir de ce que nous avions préparé pour l'entretien. Elle voulait s'enquérir de tout, jusqu'à mes sous-vêtements. Pareil à elle, mon petit frère Charly venait me poser d'interminables questions qui étaient aussi bien tendres que troublantes. Il n'avait que six ans et il est notre benjamin, donc je suis comme sa deuxième maman, alors je lui concède cet attachement sans limites. Seule ma petite sœur Amanda née juste deux ans après moi m'était presque indifférente. Son affection a toujours été difficile à obtenir, même dans des circonstances d'exception. Cela m'était égal de toutes les façons. Notre grand-frère ainé Roger quant à lui n'aura jamais cessé de jouer au comique. Pour lui, tout est blague dans la vie. Dieu seul sait comment il a fait pour réussir le concours de greffiers à vingt cinq ans.

....

Il me fallut donc quitter ce monde embarrassant et créer un autre qui me fut propre, spécial. J'allai me coucher, comme si j'étais en mesure de trouver le sommeil tout de suite. D'ailleurs, je ne le voulais vraiment pas, bien que consciente des prescriptions en matière de discipline personnelle, je n'osai en tenir compte. C'est ainsi qu'à vingt deux heures trente, je me levai, recommençai les essayages de tout: costume, chemise, chaussures, sous-vêtements et bijoux devant mon énorme miroir. Je me sentis bizarre et confuse, comme si quelque chose n'allait pas bien en moi. J'entrepris d'enlever les chaussures et me rendis au salon à pas de chatte car il n'y avait plus personne. Roger était sorti et le reste dormait. Je pensais que la glace de l'armoire pouvait me faire voir les choses autrement. Hélas j'y apparaissais beaucoup trop grande et mince. Bref l'apparence n'était pas le plus important en ce moment, me dis-je. Alors je me débarrassai rapidement de tout ce que j'avais sur moi avec moins d'attention, puis retournai dans ma chambre toute nerveuse. Je me couchai. Il était vingt trois heures quarante minutes, pourtant mes encadreurs m'avaient conseillé de dormir au plus tard à vingt et une heures.

Lorsque le réveil sonna à cinq heures précises le lendemain, j'étais déjà debout. Je passai une bonne heure à relire les différents textes en ma possession sur le statut des réfugiés, des déplacés internes et des personnes assimilées; la création, l'histoire et le rôle des organismes nationaux et internationaux en charge des questions y relatives ainsi que leurs prérogatives. C'était en effet des révisions car j'en avais suffisamment investigué avec mes encadreurs.

Dès que j'eus terminé mes révisions, maman se mit à m'aider à parfaire mon maquillage et ma coiffure. Je me sentis belle et confiante, contrairement à l'impression que j'avais la veille. Je ressemblais à une jeune cadre d'entreprise. Je vivais mon rêve avant de l'avoir atteint, avant même d'y avoir effectué le premier pas. Papa quant à lui ne s'intéressait qu'à son véhicule. Charly restait collé à mes pieds et me suivait partout en me regardant comme s'il ne m'avait jamais vue et je souffrais de devoir répondre à toutes ses questions en même temps que j'apprêtais mon sac à main et tout ce que j'avais à faire en si peu de temps. Il était six heures trente cinq minutes et je faisais encore les va-et-vient à la maison. Papa était déjà prêt à m'accompagner à bord de sa Mercedes. Il devenait furieux, mais ne nous menaçait que de son regard derrière sa paire de lunettes. Il m'arriva l'envie de faire un dernier tour dans ma chambre, m'étant rendue compte que j'allais oublier ma carte nationale d'identité. Il était sept heures et l'entretient devait avoir lieu à neuf heures précises. Nous habitions Odza, un quartier presque diamétralement opposé à Bastos, le siège du Haut Commissariat des Nations Unies pour les Réfugiés au Cameroun. Alors je courrais presque sur mes demi-talons, soucieuse de cette distance et sachant de quoi sont capables les taximen de Yaoundé en matière de création d'embouteillages.

Chapitre2 : Le mythe de mon grand-père.

Cependant à ma sortie de la chambre, je croisai grand-père Paul sur sa canne. Il était sorti de sa dépendance qu'il partageait avec ZIBOT, son ami d'enfance. En effet, nous aurions dû appeler ce dernier grand-père Théodore car grand-père Paul l'affectionnait tellement qu'il recommandait toujours que lui soient reconnus respect et tendresse, autant que nous en éprouvions pour lui-même. C'est ce qui faisait l'objet du désaccord entre mon père et grand-père Paul, au point où papa nous interdisait de nous rendre à sa dépendance. Car celui-ci s'était obstiné à aller chercher ZIBOT au village sans son avis, sans même le prévenir. Pourtant, les nouvelles qui nous parvenaient du village faisaient état de ce que ZIBOT avait fait l'objet d'un emprisonnement pour pratique de sorcellerie.

Après le décès d'une jeune femme au village voisin, la famille de la défunte s'était rendue chez un tradi-praticien appelé NDJALLA qui lista quelque vieilles personnes du canton, soit une bonne dizaine qu'accompagnait un jeune homme de treize ans en qualité de chauffeur, ou plus exactement de pilote. Tout le monde avait rejeté ZIBOT à sa sortie de prison. Seul grand-père Paul quitta Yaoundé où papa l'obligeait de rester à cause de sa vieillesse et de sa solitude après le décès de grand-mère Anna pour aller chercher son drôle d'ami d'enfance, sans consulter son fils, encore moins sa belle-fille, ma mère. Pourtant, NDJALLA aurait affirmé que ZIBOT était le chef du groupe de sorciers qui auraient tué la jeune femme. D'ailleurs, c'est lui qui s'en serait accaparé le cœur ; et si NDJALLA n'aurait pas réussi à guérir cette jeune femme, c'est parce que ce ZIBOT l'aurait déjà mangé.

....

Quand les gendarmes allèrent au village, ils se rendirent d'abord chez le chef où se trouvaient les autres chefs de villages du canton et plusieurs notables. Plus loin dans une petite case spécialement réquisitionnée par NDJALLA lui-même, se trouvait toute son équipe constituée de ses apôtres, de joueurs de tamtams, de chanteurs au premier rang desquels était sa compagne et de danseurs. Avant l'arrivée des gendarmes, tout le village s'était mobilisé pour chercher un rocambolesque tas de bois de chauffe autour duquel se déroulerait la cérémonie d'invocations et de rites organisée par NDJALLA et son groupe en présence des autorités, car les gendarmes étaient appelés à ne rentrer que le lendemain. Aussi, la solidarité de corps fit en sorte que le marabout du campement Baka[1] situé au bout du village devait venir prester lors de la cérémonie. Et lorsqu'on parlait de marabout Baka, on parlait également d'IDJENGUI, leur dieu.

Séquestrés depuis deux jours par les membres de la garde du chef de village, ZIBOT et sa bande étaient sous haute surveillance. A vingt heures précises, les joueurs de tamtams commencèrent le spectacle, non loin d'une gigantesque flamme entourée de chanteurs et des nombreuses populations admiratrices et curieuses. De loin au-delà du campement Baka, il y avait un cours d'eau appelé Mua Bintsia où des femmes battaient de l'eau en produisant une sonorité défiant celle des tamtams. Toutes les filles du village avaient l'habitude de faire ce jeu lorsqu'elles se baignaient à ce cours d'eau. Cependant les joueuses de ce soir spécial n'étaient pas de simples jeunes filles, mais des femmes matures, expérimentées et surtout initiées. Elles invoquaient les chakras de l'eau dans ce cours d'eau qui n'était pas du tout ordinaire. Les personnes qui nous racontaient l'histoire disaient n'avoir jamais suivi un tel bruit depuis leur naissance.

Comme dans un concert de grand artiste, il y avait des chauffeurs de salle et c'est par échelles de valeurs que les collaborateurs du grand NDJALLA arrivaient au podium. On les reconnaissait par leur accoutrement et la façon dont ils se déguisaient. Ils étaient torses et pieds nus, arborant chacun un chapeau confectionné à base de peaux d'animaux correspondant chacune à un grade précis dans le groupe. Il y avait des peaux de chats tigre, de tigres et seul NDJALLA lui-même arborait la peau de panthère sur sa tête. Sur leurs reins, une épaisse touffe de hameaux, de plusieurs peaux d'animaux mystiques, de tissus de couleur rouge et noire constituait en même temps un cache sexe qu'une distinction qui leur permettait également de bien danser. Sur leurs cous, ils arboraient d'impressionnants colliers achetés Dieu seul sait dans quel marché. Enfin, sur leurs pieds et sur leurs mains, ils portaient une sorte de bijoux qui servaient entre autre à produire un effet sonore à partir duquel ils communiquaient avec les joueurs de tamtams et les chanteurs. Chacun faisait étalage de son talent et de sa puissance. Les uns dansaient dans une bouteille d'un litre en matière cassable et transparente, les autres sur une feuille d'un bananier debout, mais seul le grand NDJALLA avait le pouvoir de danser sur le feu et y rentrer avec des feuilles fraiches.

Quant au marabout Baka, il ne devait intervenir qu'en dernière position, étant donné qu'il n'y serait qu'en posture d'artiste invité. Les gendarmes regardaient attentivement le spectacle et veillaient à ce que rien de vraisemblablement faux ne se passa et surtout que l'ordre publique fut respecté. Alors la cérémonie se déroula, les yeux virent et les oreilles entendirent. Seulement, les Bakas n'osèrent venir et personne n'eut le courage d'aller leur demander la raison de leur absence. On savait juste que ce sont des gens capables de toute sorte de surprise et surtout qui ne supportent pas la présence des gendarmes, d'autant plus qu'aucun n'avait de carte nationale d'identité. Mais quelques spécialistes déclarèrent que c'était parce qu'IDJENGUI ne leur avait pas autorisé de participer au spectacle. Et quand leur dieu le faisait, on déduisait qu'il y aurait eu quelque chose d'anormal dans ce qui se passait. D'autres personnes évoquèrent l'hypothèse selon laquelle les marabouts Bakas essentiellement d'obédience Ngbwowa sont naturellement incompatibles aux Bissimas comme NDJALLA et son groupe.

Cependant, lorsque NDJALLA sortit du feu avec des feuilles fraiches, il annonça en mondo vision qu'il avait les preuves de ses déclarations accusant ZIBOT et sa bande d'avoir tué et mangé la jeune femme. Car disait-il, il y avait encore une cuisse de cette jeune femme à Mua Bintsia, la rivière mystérieuse qui servirait de congélateur aux sorciers. C'est ainsi que le lendemain matin, tout le village, voire tout le canton accourra derrière NDJALLA à qui le chef des gendarmes avait exceptionnellement octroyé le privilège de monter dans la cabine de leur pik up, alors que ses collègues s'agrippaient par derrière.

Arrivé à Mua Bintsia, NDJALLA fit asseoir à même le sol toute la foule, y compris les gendarmes, les chefs traditionnels et les notables. Après avoir fait toutes sortes d'invocations et versé différentes sortes d'écorces et de poudres dans l'eau, NDJALLA alla plonger à l'amont et y disparut pendant quelques minutes sous le regard curieux de la foule. Pendant ce temps, ses apôtres dansaient à toucher le ciel, sa compagne et les autres membres de l'orchestre chantaient et jouaient les tamtams à s'arracher les gorges et les bras. NDJALLA ressortit de l'eau, bredouille ; puis replongea et y mit plus de temps. La foule s'impatientait de voir la cuisse de la jeune femme pourtant entièrement enterrée depuis plus d'une semaine. Les apôtres de NDJALLA se mirent à lancer des œufs sur ZIBOT et ses compagnons puis les fouettèrent avec des feuilles de macabo en leur ordonnant de libérer la cuisse recherchée par leur maitre. Lorsqu'il ressortit, NDJALLA tenait un indescriptible morceau de bois d'environ quarante cinq centimètres en mains. Il le présenta aux gendarmes et aux chefs traditionnels, disant que c'était le reste du corps de la jeune femme laissé par les sorciers au « congélateur. » Les gendarmes formèrent un infranchissable cordon de sécurité autour du morceau de bois, ne laissant y accéder que les chefs de villages et les notables qui demeurèrent pantois. NDJALLA se chargea personnellement de mettre « la cuisse » dans une matière en plastique et la jeta dans le Pik up. Des gens posaient les mains sur les bouches en geste d'abasourdissement. D'autres couvraient les bouches et les nez, disant qu'une odeur nauséabonde se dégageait lorsqu'on se rapprochait du véhicule. Toutefois, nul ne sait si cette odeur était réelle ou tout simplement psychologique, d'après ce que nous racontaient les villageois ayant assisté à la scène. De toutes les façons, la démonstration de NDJALLA avait été approuvée par les autorités, d'autant plus que ZIBOT qui vivait tout seul dans sa case au village du fait de son statut de père inconnu, orphelin de mère et stérile était déjà assez suspect comme ça. En plus, la demi-noix de coco présentée bien avant par NDJALLA comme étant l'avion de la bande de sorciers n'avait fait l'objet d'aucune contestation. On sait tous de quoi sont capables les sorciers bantous.

....

Grand-père Paul m'intercepta au couloir, mâchonnant son interminable kola et m'appela par mon nom propre:

- ONGUENE!

- Oui grand-père, répondis-je en courant vers papa qui rougissait à coté du véhicule.

- Hé bien tu ne feras pas comme l'araignée n'est-ce pas ? poursuivit-il.

J'eus de la peine à me souvenir de tous les contes de grand-père Paul pour savoir de quoi il voulait me parler précisément. Car depuis l'arrivée de ZIBOT chez lui, nous n'allions plus dans sa dépendance où il nous racontait mille histoires africaines où les animaux et les arbres réalisaient le plus souvent ce que ne peuvent en réalité faire que des humains. Tout à coup, je me souvins de ce conte où l'araignée qui, malgré ses multiples « mains » ne put rien emporter de l'énorme héritage que lui avait légué son oncle l'éléphant. Alors je répondis à grand-père Paul:

- Non grand-père, j'ai tout pris.

J'avais tout de suite compris que grand-père Paul savait que je préparais une échéance, mais je ne pouvais pas vraiment imaginer qu'il savait clairement que j'avais un entretien d'embauche à passer ce matin-là. Lorsque je me retrouvai près de lui, il saisit ma main de toutes les forces qui lui restaient. Je ne pus lui résister de peur de le faire tomber. Il m'arrêta par la main par laquelle j'accrochais mon sac à main et m'entraina à la sortie. Papa et maman voyaient la scène qui se déroulait mais restaient impuissants. Seul Charly nous suivit. Papa faisait tout sauf manquer de respect à son père et c'est ce qu'il nous inculquait. A leur hauteur, grand-père Paul interrompit notre progression, les dévisagea tour à tour et dit: « celle-ci est ma mère.» Il avait l'air sérieux et ferme et personne ne broncha.

Alors grand-père Paul me conduisit derrière la maison et nous arrivâmes dans sa dépendance où était ZIBOT. Celui-ci buvait tranquillement du Mendim Mezong[2]. Les deux vieillards nous donnaient l'impression de ne pas pouvoir survivre sans ce thé traditionnel que maman avait l'obligation de leur pourvoir chaque semaine. Ils préféraient ne pas avoir « la vrai nourriture », à condition que leur fut régulièrement ravitaillé leur Mendim Mezong.

Grand-père Paul me fit asseoir sur un tabouret en face de lui. Charly était debout près de la porte. ZIBOT était assis sur leur lit en buvant leur boisson préférée. Grand-père Paul prit ma main droite, me regarda droit dans les yeux, arrêta de mâchonner la kola puis ôta son vieux bonnet. Il commença à murmurer seul: « ONGUENE ma petite-fille bien aimée... C'est moi qui ordonnai à ton père de te donner le nom de celle de qui je naquis. J'invoque les dieux et les ancêtres de Nkolmeyong, la terre de nos ancêtres au nom du pacte traditionnel que je n'ai jamais transgressé, afin qu'ils te bénissent et qu'ils t'ouvrent les voies. »

Il leva sa canne, la pointa au ciel puis au sol et la posa sur ma tête. Il me salua, ramena ma main vers sa bouche et y cracha en bredouillant quelques mots en Bulu[3] puis leva vivement ma main en terminant son monologue: « Ntoo ntoo maama a mon wom[4]. Vas-y, que les ancêtres t'accompagnent ONGUENE. »

Lorsque grand-père Paul parlait, ZIBOT acquiesçait, le visage pointé au sol, tout en secouant ses jambes. Charly regardait ce qu'il faisait sans pouvoir poser ses habituelles questions. Et si moi-même je ne savais à quoi penser, ce n'est pas l'inspiration d'un seul mot que je pouvais avoir. Surtout, nous aimions notre grand-père et il m'était impossible de douter un temps soit peu de sa bonne foi. Seulement, depuis l'arrivée de ZIBOT à la maison, tout avait changé. Bien que celui-ci ne nous ait jamais rien démontré de son soi-disant esprit maléfique, nous ne pouvions encore aimer notre grand-père qu'à distance. Ses contes et ses jeux nous manquaient beaucoup. Malheureusement, rien ne nous laissait croire qu'il laisserait partir son ZIBOT d'aussitôt. Un ZIBOT qui pourtant paraissait tellement inoffensif, tellement fidèle et soumis qu'il fallait seulement croire à la sorcellerie et aux accusations qui l'avaient conduit en prison pour ne pas lui attribuer la qualité de moine ou d'agneau. Mais à qui l'aurions-nous dit ? A qui ?! D'ailleurs, si nous n'étions pas en ville où les rapports des gens sont relativement limités, nous aurions tous été considérés comme des sorciers, juste pour le fait d'accueillir ZIBOT chez nous.

....

Papa avait déjà démarré le véhicule pendant que j'étais avec grand-père Paul. Il n'avait plus besoin de me regarder pour me faire courir car je le faisais déjà de ma propre conscience. Mama avait disparu, sans doute par résignation après que je fus entrainée sans aucun procès à ce qui pouvait être appelé « la boucherie. » Il était sept heures et vingt minutes lorsque nous traversions le portail rapidement ouvert par le gardien. Papa resta muet sur une bonne distance, entre les quartiers Tropicana et Mvog Mbi. Puis, au fur et à mesure que nous progressions, il regardait sa montre, les cotés de la route et l'ambiance matinale de ce début de semaine. Le tout l'égaillait plutôt peu à peu. De temps en temps, il me regardait aussi et dans ses yeux, je lisais la tendresse et l'appel à la confiance en moi-même et à la concentration. Il semblait ne pas avoir perdu l'équilibre malgré la scène qui venait de se passer à la maison. Tout à coup, il rompit le silence :

- Nous allons devoir acheter quelque chose à la boulangerie car on ne sait jamais, peut-être que les responsables de la structure tarderaient à arriver.

- D'accord papa, approuvai-je.

Fidèles clients de cet établissement, nous ne perdîmes pas le temps à chercher autre chose avant de nous diriger vers les gâteaux à la crème pour moi et petite boisson tonique pour papa. Je me sentis désolée de ne pas pouvoir répondre aux compliments des vendeuses de la boulangerie, mes amies qui me trouvaient extraordinairement jolie ce matin.

Nous reprîmes la route et papa commença à boire son habituel liquide tonique. Il paraissait de plus en plus épanoui, étant satisfait de savoir que nous avions réussi à échapper aux embouteillages des lieux les plus redoutables de notre tronçon. Il introduisit un CD dans le lecteur du véhicule. J'en aurais été étonnée si ça n'avait été les fameux « Têtes Brulées[5]» de tous les jours. A force de suivre ZANZIBAR et les autres au quotidien, tout le monde avait fini par aimer leur musique à la maison. Parfois, je me retrouvais en train de murmurer certaines de leurs chansons pendant que j'étais avec des amis à l'université, au point où mes camarades m'appelaient déjà ironiquement « la tête brulée », mais je n'avais pas à me sentir ridicule d'épouser les choix de mon père. En plus, quel défit ce groupe d'artistes ne releva t-il pas pour le rayonnement de notre pays, voire de notre continent ?!

Chapitre 3 : Le moment fatidique.

- Bonne chance Paule, me dit papa en stoppant net devant une grande plaque sur fond blanc avec des écritures en bleu. De part et d'autre de la plaque, deux grosses mains entre lesquelles se trouvait une personne, le tout entouré par on dirait des rameaux. Ceci formait l'insigne de l'organisme onusien auquel j'avais l'honneur de postuler. Papa me tapota à l'épaule en me souriant. Je le remerciai en lui faisant le même petit sourire. Une fois descendue du véhicule, je devins sérieuse et d'un cran, la petite mine de fille à papa disparut en moi. Je redressai ma jupe qui tentait de remonter par l'effet de mon bassin. J'ajustai ensuite ma veste et secouai simultanément mes deux mains puis mes bijoux se rapprochèrent de mes poignets. Il était huit heures et vingt huit minutes. Je me sentais face à mon destin.

- Je levai la tête et admirai la beauté du gigantesque bâtiment gardé par des gens en uniformes de couleur jaune. Avant l'entée principale, je passai par le parking où étaient garés de gros véhicules marqués par le même insigne que la plaque. Une fois à l'entrée, je me présentai aux gardiens qui m'identifièrent puis m'effleurèrent le corps et le sac avec un détecteur de métaux. Ensuite, ils me dirigèrent vers une dame et un monsieur chargés de l'accueil.

- Bonjour! Je m'appelle Paule Milène ZOE ONGUENE. J'ai postulé à l'offre d'emploi lancée par voie de presse par la Direction Nationale du Haut Commissariat des Nations Unies pour les Réfugiés. Je suis donc conviée à un entretien avec Monsieur le Directeur National des Ressources Humaines ce matin à neuf heures.

Puissiez-vous m'aider?

- Naturellement mademoiselle, affirma instinctivement le monsieur. Prenez place sur les sièges derrière vous car vous serrez annoncée à neuf heures à monsieur le Directeur. D'ailleurs, vous pourrez faire une bonne trentaine pour les deux postes à convoiter.

- D'accord, merci à vous, répondis-je avec une sérénité qui me surprit moi-même, pendant que la dame consacrée à son ordinateur affichait un sourire un peu malicieux.

Je m'assis sur un long siège en cuir, au milieu de jeunes gens qui regardaient la télévision. Des personnes correctement vêtues faisaient des tours à travers les multiples couloirs de la pièce. D'autres montaient et descendaient les escaliers en toute hâte avec des documents et des mallettes en mains. Celles qui s'arrêtaient pour s'entretenir le faisaient avec beaucoup de convivialité et de courtoisie. Elles ne s'appelaient que par leurs prénoms et le plus difficile était de savoir qui pouvait être le chef de l'autre. Tout le monde avait l'air gai et bienséant.

A huit heures cinquante minutes, le monsieur de l'accueil se leva et prit la direction des escaliers. Cinq minutes plus tard, il redescendit, se tint devant nous et prit la parole:

-OK les amis, monsieur le Directeur de National des Ressources Humaines vient de m'instruire de vous prévenir que comme prévu, à neuf heures précises, il débutera les entretiens avec les postulants aux postes d'Agents d'Identification et Moniteurs des personnes issues des couches vulnérables dans les camps des réfugiés. Je vous exhorte donc à bien vouloir rester sur place car vous serez appelés à tour de rôle dans les minutes qui suivent. Il nous regarda vaguement les uns après les autres, avec une courte mine de sérieux qui dura à peine quelques secondes avant qu'il n'afficha son sourire sympathique qui se confondait presque déjà à la forme constante de son visage et ajouta:

- D'accord ?

- D'acc d'acc d'accord monsieur, répondîmes-nous en cœur.

C'est à ce moment précis que j'eus la conviction que ceux qui étaient à mes cotés venaient aussi challenger pour les mêmes postes que moi et que nous étions effectivement attendus ce jour. La pression monta d'un coup en moi et j'avais la certitude que c'était pareil pour tout le monde. Nous nous regardâmes les uns les autres des coins des yeux sans véritablement nouer de contact. Six autres personnes s'ajoutèrent instantanément à nous. Mon cœur battait de plus en plus la chamade, mais je me calmais lorsque je me souvenais de toutes les épreuves que j'avais déjà traversées pour obtenir ne serait-ce que mon Master. Je regagnai donc la lucidité. Etrangement, je réécoutais les paroles de grand-père Paul ce matin. Je parvenais à écarter toutes les suspicions autour de ZIBOT pour ne considérer que les bénédictions de mon grand-père. Je croyais profondément en sa puissance et surtout en sa bonne foi.

Tout à coup, une sonnette retentit et le monsieur de l'accueil se retrouva encore devant nous, muni d'un coupon de carton blanc avec en dessous l'insigne et les écritures de l'UNHCR. Il appela les cinq premiers noms des personnes qu'il invita à le suivre. Les autres et moi restions en attente. Je me sentais vexée par le fait qu'une liste de personnes retenues pour l'entretien d'embauche ne fut pas affichée quelque part ou que ce monsieur ne vint pas avec son carton blanc pour lire d'entrée de jeu tous les noms des personnes devant passer à cet entretien. De surcroit, mon nom ne figurait pas parmi les cinq premiers qu'il avait lus. Qu'est-ce qui devait donc me rassurer que Paule Milène ZOE ONGUENE était au moins retenue pour l'entretien ?!

Le monsieur redescendit des escaliers peu de temps après, tout seul. Il nous rassura qu'une fois que les autres auraient terminé, il lirait les noms des cinq suivants. Il n'osa cependant nous livrer ces noms avant cela. Je me demandais encore s'il pouvait se rendre compte de ce que cela me faisait personnellement de ne pas connaître à quelle position je pourrais être appelée, si jamais mon noms figurait dans leurs listes. Bizarrement, il affichait toujours son air gai et innocent, cette fois-là envers sa collègue qui ne quittait pas son ordinateur. De temps en temps, celle-ci soulevait une épaule en même temps qu'elle inclinait à l'extrême sa tête truffée de rastas pour répondre à un téléphone qu'elle enfonçait entre le tout. Il lui aurait sans doute fallut une troisième, voire une quatrième main pour mieux faire tout ce qu'elle avait à faire au même moment. Je me demandais si une simple employée à l'accueil paraissait aussi submergée par le travail, à combien plus forte raison un agent d'identification et moniteur des personnes vulnérables. De toutes les façons, c'est ce que je voulais et pour dire vrai, je n'avais pas peur d'être comme cette dame. Je voulais faire ce qu'elle faisait et pourquoi pas plus!

Quarante cinq minutes s'écoulèrent avant que le monsieur de l'accueil ne reprit le chemin des escaliers. Il fit une demi-dizaine de minutes puis redescendit avec les cinq premières personnes. Celles-ci nous traversèrent toutes sans le moindre échange avec nous. Je me rendis encore compte de combien de fois la bagarre pour obtenir un emploi pouvait rendre des jeunes de la même génération égocentriques. Le monsieur toujours souriant lut cinq nouveaux noms de personnes qui le suivirent aussitôt. La salle d'attente se vidait progressivement et mon nom n'était toujours pas lu. Je m'irritais déjà sérieusement. Ayant constaté que les premières personnes avaient mis du temps à revenir, quelques courageux parmi nous allaient faire des tours à l'extérieur du bâtiment. Quant à moi, je restais sur place malgré le fait que mes chaussures commençaient à me chauffer les pieds. Je supportais la douleur en avançant et en reculant les pieds l'un après l'autre. De même, je frottais les orteils ressortis de chaque pied. De temps à autre, nous surprenions une fille qui se mirait discrètement tout en remuant ses lèvres afin d'y ré étaler le rouge à lèvres qui y séchait déjà. Elle repassait également d'une main délicate ses cheveux sans qu'ils ne fussent vraiment désordonnés. Je réalisais que c'était un geste reflexe de femme, mais qui faisait partir de ceux qui m'avaient été déconseillés par mes encadreurs.

Quarante cinq minutes plus tard, le monsieur souriant reprit le chemin des escaliers. Il rentra peu de temps après avec les cinq précédents et le carton blanc en main. Il lut les cinq suivants pendant que les autres nous dépassaient de la même manière que les prédécesseurs. C'était la troisième fois qu'on lisait une demi-dizaine de noms sans que le mien ne soit lu. Je perdais contenance mais il n'y avait ni nécessité, ni possibilité de se plaindre car personne ne semblait prédisposé à s'en préoccuper. D'ailleurs, à en croire mes convictions, les autres postulants auraient souhaité que des gens eussent désisté et le monsieur de l'accueil, par son sourire vague et innocent n'aurait fait que sourire parce que mon geste n'aurait été qu'un aboiement de chienne devant la caravane qui passe.

Plusieurs personnes continuaient à faufiler dans les couloirs et les escaliers sans s'intéresser à nous, comme si les postes auxquels nous aspirions étaient moins importants que ceux de gardiens. Pourtant, ma première impression dans ce milieu était celle selon laquelle tout le monde y était important et que c'était pour cette raison que tout le monde ne s'appelait que par les prénoms. Il était midi passé et quelques jeunes gens en chemises blanches avec des nœuds papillon noirs aux cous entrèrent dans la salle avec du couvert brillant. Le parfum de bonne nourriture m'agressa les narines. C'était l'heure de la prise du déjeuner et il devait y avoir une salle spéciale pour cela. Les deux employés de l'accueil disparurent tour à tour. Plusieurs autres personnes dont un bon nombre portait des badges aux cous empruntèrent également les escaliers en produisant un vacarme convivial à leur passage. Il y avait des noirs et des blancs. Les cinq personnes dont les noms avaient été lus plus tôt revinrent sans être accompagnées du monsieur de l'accueil. Elles fondirent entre les employés et les agents du service traiteur qui allaient dans tous les sens au risque de se faire heurter.

Une demi-heure plus tard, les employés commencèrent à revenir, cette fois-là avec moins de vacarme qu'à l'aller étant donné que leurs bureaux les attendaient avec certainement avec impatience. Je trouvais de plus en plus pénible de garder la quiétude en regardant tout ce qui se passait devant moi, quoique réellement tout se déroule normalement. Car monsieur le Directeur avait le droit de faire appeler qui il voulait recevoir selon des critères qui ne dépendaient que lui et le monsieur souriant n'avait que le devoir de lire les noms tels qu'ils figuraient sur chaque coupon de carton, raison pour laquelle il gardait sa bonne humeur tout naturellement. Alors mon exaspération n'avait de sens que dans l'égocentrisme, conclu-je, car tout était objectif et la preuve du contraire n'existait pas. A des moments, je voulus insinuer que ZIBOT serait en train d'agir dans ma destinée, mais ça n'était qu'un vain élan de superstition que les paroles de grand-père Paul écartaient systématiquement de mon esprit. Pour rien au monde je ne pourrais impliquer mon grand-père dans une entreprise visant à me détruire.

Après être monté à nouveau, le monsieur de l'accueil redescendit des escaliers avec son carton blanc et se tint devant nous sans le moindre signe de fatigue. Il lut les noms et enfin, je l'entendis prononcer « ONGUENE ZOE Paule-Milène » d'un ton on dirait l'un de mes enseignants expatriés. Nous allâmes avec lui sur les escaliers suivant leurs multitudes et leurs diverses tournures. Chemin faisant, le monsieur nous dit:

- Veuillez m'excuser de ne pas nous faire emprunter l'ascenseur. Comme je le disais à vos prédécesseurs, nous passons par les escaliers parce que nous devons arriver ensemble mais il n'est pas conseillé de surcharger l'ascenseur, nous le savons tous.
- Nous vous comprenons très bien monsieur et après tout, c'est nous qui cherchons, intervint la fille qui refaisait son maquillage.
- Vous êtes gentils, conclut le guide.

La fille lui fit un sourire presque séducteur et on se regarda les uns les autres. J'avais moins de temps pour ce genre de choses, car je tâchais de m'affermir davantage pour passer au crible les notions que je devais appliquer lors de mon entretien. J'avais du mal à en revenir, mon corps ne ressentait plus aucune douleur et j'avais l'impression qu'une brouille m'envahissait le cerveau.

Le monsieur stoppa net devant la porte numéro 107 au dessus de laquelle était écrit « Le Directeur National des Ressources Humaines.» Un ensemble de chaises entre collées était dressé sur un petit hall près de l'entrée. Une jeune dame y avait son bureau semblable à celui des personnels de l'accueil, mais plus garni par des documents. Elle était aussi cramponnée sur son ordinateur et son téléphone fixe. Il s'agissait de la secrétaire particulière de monsieur le Directeur. Le monsieur de l'accueil nous passa en consigne à la jeune dame qui nous donna immédiatement les précisions sur l'ordre de passage dans le bureau de son chef, puis nous fit asseoir sur l'ensemble de chaises suivant l'ordre de nos noms sur le coupon pendant que son collègue nous souhaitait la bonne chance en se retirant.

Ainsi, deux personnes entrèrent avant moi. Lorsque mon tour arriva enfin, la secrétaire m'identifia sans pour autant me frustrer et j'entrai. Je fus d'abord accueillie par l'impressionnant luxe du bureau. La fraicheur qui se dégageait du climatiseur me fit croire qu'elle pouvait produire de la neige. Sur les murs, plusieurs distinctions de diverses origines, toutes dorées servaient aussi bien pour la décoration que pour une expression de fierté. Deux drapeaux à savoir celui de l'ONU et celui du Cameroun étaient placés de part et d'autre des coins en arrière du bureau. Je m'intéressai moins à tout cela au souvenir des multiples endroits où j'avais souvent été avec papa. La porte se laissait doucement mais hermétiquement fermer derrière la secrétaire qui sortait et cela me fit décidément savoir que l'ultime moment était arrivé. Alors je tins mon sac à mains de mes deux mains devant mes jambes et saluai:

- Bonjour monsieur !
- Bonjour mademoiselle, prenez place.
- Merci monsieur, dis-je.
- Quelles études universitaires avez-vous faites ?
- J'ai fait des études en Sociologie, plus précisément la Sociologie des Conflits Armés.
- Que faites-vous actuellement ?
- Je ne fais rien de spécial. Je suis préoccupée par mon insertion dans le milieu professionnel.
- Seriez-vous prête à exercer n'importe quel métier

- Non monsieur, mon souhait est d'obtenir un emploi qui puisse cadrer avec mes études car j'ai fais des études en fonction de ce qui me passionne.-Qu'est-ce qui vous passionne dans la Sociologie des Conflits Armés ?

- Le regard des gens et particulièrement celui des femmes et des enfants.

Monsieur le Directeur s'adossa sur son énorme fauteuil en cuir comme poussé par une énergie brusque. Il baissa délicatement sa paire de lunettes tout en tendant ses deux pommes de mains vers moi pour me demander de poursuivre mon argumentaire. Je regardais instinctivement sa plaque nominative posée devant moi. Il s'appelait Ousmane ASSAKOU ; puis je continuai:

- Bien entendu, les femmes et les enfants sont souvent très affectés lors des conflits armés et leurs regards n'ont que de début à savoir le fond de leurs yeux mais la fin est perdue dans leur passé regrettable, leur présent horrible et leur avenir inquiétant. Elles sont vraiment vulnérables monsieur, conclus-je.

-D'accord mademoiselle je vous comprends. Voyons, avez-vous une expérience professionnelle dans les organismes humanitaires ?

- Non monsieur ; j'y ai quand-même effectué des stages académiques, notamment à *Idea* et *Plan Cameroun.*

- OK nous allons devoir nous arrêter là pour aujourd'hui. Je vous souhaite la bonne chance pour la suite. Au cas où vous serez retenue, nous vous rappellerons dans de brefs délais.

- Je vous remercie monsieur.

Je me levai et serrai la main de monsieur le Directeur qui m'était tendue en même temps que je faisais l'effort de ne pas bousculer la chaise et la table entre lesquelles j'étais. Lorsque je me retrouvai dans le petit hall, la secrétaire se leva aussitôt et fit entrer une autre personne. La fille qui refaisait son maquillage me regarda bizarrement en poussant un pied devant l'autre. Trente minutes environ plus tard, notre groupe avait terminé son passage chez monsieur le Directeur. Ce n'est qu'à ce moment précis que je me souvins des prescriptions de mes encadreurs et de tout ce que j'avais passé mon temps à étudier. En effet, je m'étais laissé emporter par le caractère sympathique et naturel de mon interlocuteur, au point où je ne me rendais plus compte que de tout cela. De toutes les façons, je n'avais pas conscience que j'avais fait quelque chose de mauvais, même si je ne pouvais pas me prévaloir d'avoir excellé. Hé bien les dés étaient pipés et la balle n'était plus dans mon camp car j'avais fait ce que j'avais à faire.

Chapitre 4 : Le paradoxe de l'armoire et la pierre à écraser.

Une semaine s'était écoulée sans qu'un appel ne me provienne du Haut Commissariat des Nations Unies pour les Réfugiés. On était presque habitué avec les tentatives infructueuses. J'étais confuse et personne n'osait en parler à la maison. Je me demandais ce qui n'allait pas dans ma vie. Maman envisageait m'ouvrir un petit établissement d'envoi et de retrait d'argent pour m'occuper, mais papa s'en était catégoriquement opposé. Il disait que lui Raoul ZOE n'admettrait pas que sa fille fasse dans la « débrouillardise », car ce serait un déshonneur pour lui. « Même quand le lion maigrit, il ne se fait jamais appeler chat », martelait-il sans cesse. La retraite n'enlevait rien à sa réputation d'Administrateur Civil chevronné.

Une deuxième semaine s'écoula, sans suite. Papa revenait toujours de ses sorties avec des journaux annonçant des offres d'emplois. Souvent, maman lui proposait d'aller négocier avec le Directeur National des Ressources Humaines au Haut Commissariat des Nations Unies pour les Réfugiés pour qu'il me retienne, mais papa rejetait systématiquement cette proposition. Mon père est un mélange d'orgueil et de loyauté. Moi-même je n'aurais pas aimé une telle initiative, quoique l'envie de décrocher un emploi me rongeait jusqu'aux os. Encore que c'aurait sans doute été une tentative vaine, le mobile même par lequel j'aurais facilité la tache à ce Directeur de mettre ma candidature de coté. « Les histoires de notre Ngomna[6] ne se font pas partout », disait-il. De son coté, René mon amoureux ne cessait de m'embêter avec son projet de fiançailles. Je n'avais vraiment pas le temps pour ça. En plus, la tête de mon père ne ressemblait pas à celle de quelqu'un qui accepterait la kola d'un soi-disant prétendant pour sa fille aînée, avant que celle-ci n'eusse obtenu une situation professionnelle stable.

Les péripéties de la vie commencent vraiment au moment où l'on cherche un emploi. Ma vie se compliquait alors que je faisais tous les efforts pour ne pas perdre l'enthousiasme que j'avais sur les bancs. De temps à autre, je recevais l'appel d'un ancien camarade qui m'annonçait qu'un autre venait de réussir un concours ou alors qu'un autre obtenait un visa pour un voyage à l'étranger ; et tout cela ne faisait que m'augmenter le stress et le poids de la vie. Mon père me disait toujours que la période des études était la meilleure de ma vie, mais je n'y croyais pas. Avant sa retraite, il revenait souvent du travail tout las et jetait sa mallette sur la table, sans contrôle en parlant sans interlocuteur. Je n'arrivais pas à imaginer qu'un Délégué régional à la fonction publique puisse être aussi exacerbé par les problèmes de la vie. Il a une famille, des maisons, une épouse qui travaille et j'en passe ! Par contre, moi j'avais de bonnes raisons de m'importuner car je n'avais encore rien de tout cela. Alors je pensais que si mes parents s'importunaient à cause de la vie, c'est que cette vie n'avait pas de sens. En effet, ce qui m'offusquait surtout, ce n'était pas quelques besoins matériels, mais juste l'envie de voir clair sur mon avenir et de changer mon statut social. Je voulais ressentir la sensation que procure l'accès au monde professionnel, relativement à la considération de moi-même et d'autrui. Car de là viendraient tous les autres plaisirs de la vie. Même ma foi envers Dieu devenait chancelante, car pour dire vrai, je n'arrivais plus à trouver la concentration dans mes prières, faute d'harmonie entre mon esprit trouble et les réalités que me présentait l'objet principal de mes prières : obtenir un emploi.

Il arrivait par exemple qu'une cérémonie soit organisée dans la famille à l'occasion de laquelle les gens venaient de divers horizons. Je jouais toujours le rôle d'étudiante pendant que des personnes qui n'avaient qu'un B.E.P.C[7] occupaient des places de responsables et tenaient un langage professionnel. Le plus souvent, on faisait appel à moi pour définir une expression ou expliquer une théorie. Buff, je me considérais comme une armoire dans laquelle on garde des objets. On l'ouvre et on la ferme quand on le veut, juste pour prendre et déposer des objets au moment où cela plait à soi. On le fait avec un tel dédain, car l'armoire ne produit et ne transforme rien ; elle est statique et immuable. On voyage, on revient, l'armoire occupe toujours la même position et peu importe le prix auquel on l'a achetée, peu importe ce que nous y mettons, l'armoire finit toujours par perdre sa valeur lorsqu'on se rend compte qu'elle ne bouge pas, ne produit et ne transforme rien.

Lorsqu'un oncle, comme c'était généralement le cas m'appelait pour me demander de définir une expression, un mot ou énoncer une théorie, je venais de ma chambre toute ridicule et me mettais à fournir tous les efforts du monde en espérant m'avérer utile et juste. Pendant ce temps, ceux avec qui il dégustait du whisky y prêtaient à peine attention. Alors je retournais dans ma chambre sans avoir l'impression qu'une seule personne m'avait suivi à la fin. Je me demandais pourquoi ils m'appelaient toujours. Pourtant, ils ne cessaient de le faire, peut-être juste pour ajouter un ingrédient à la saveur que leur procurait le fait d'avoir un statut social qui boostait leur confiance en eux-mêmes. Il n'y a qu'un mendiant pour être aussi ridicule qu'un étudiant dans notre société.

J'avais au moins de quoi manger et mes parents assuraient mon bien-être. Mais qu'en était-il de mes camarades pour lesquels les parents avaient consenti tant d'efforts et pour lesquels toute la famille avait formulé le vœu mirobolant du messie salvateur?! Ils continuaient à être les armoires de leurs familles qui les avaient achetées très cher et y avaient gardé toute leur fortune.

Lorsque je racontais le rôle de théoricienne que je jouais dans ma famille à des anciens camarades, ceux qui étaient rentrés au village me disaient que eux ils étaient des écrivains publics pour tous les villageois. Les gens les appelaient de jour comme de nuit pour rédiger des lettres, des plaintes, des discours et autres. Cependant, tout comme moi, une fois qu'ils finissaient de s'investir pour leur rendre service, ils se sentaient si ridicules et si pitoyables qu'ils n'arrivaient pas à prêter attention à tous les remerciements qui s'en suivaient. Partout où ils passaient, on leur faisait les éloges de connaître toute l'école du monde, bien qu'ils fussent revenus au village. C'est un cousin à qui on en voulait jadis pour avoir abandonné le lycée de Mvangan en classe de quatrième pour se jeter dans l'agriculture au village qui leur offrait à manger un plat de kpem[8] ou à boire une calebasse de matango[9]. Pendant ce temps, sa femme attendait leur troisième enfant, ils mettaient sur terre leur cinquième hectare de cacao, ils attendaient la Dyna de KAMGA pour aller vendre leur plantain en direction du Gabon...

Partout, l'étudiant n'est qu'une personne ridicule, une armoire. A quoi ça sert réellement d'être étudiant dans ce pays si on ne peut ni produire, ni transformer quoi que ce soit ? Quel est ce système qui forme des intellectuels pour que ceux-ci fassent de la SIL jusqu'en cinquième année à l'université sans qu'ils n'eussent jamais repris, mais qui perdent une décennie de leur unique vie à composer un concours de l'ENAM[10] qu'ils ne réussissent tout de même pas à la fin? On excelle sur les bancs mais finalement on ne peut rien faire. Chaque année, il faut attendre les concours administratifs pour espérer intégrer le monde professionnel sous la pression de l'âge et de la précarité de la vie familiale, alors qu'on représente une déception malgré soi. Jusqu'à quand ça perdurera ? Jusqu'à quand ?! Qu'avons-nous réellement appris si nous ne sommes capables de rien transformer, encore moins de créer, je me le redemande ! Jusqu'à quand continuera t-on à lire le même « Made in Czech Republic » sur une lame de rasoir de vingt cinq Francs qu'utilisait une grand-mère à Nguelemendouka, il y a de cela cent ans et que mes petits enfants liront sans doute encore à cette allures, dans un pays où le sol est bourré de matières premières ! Parfois, j'ai l'impression que ma tête est vide, mes mains inaptes mais seule ma bouche est pleine de mots. Avec l'argent d'une seule armoire, on pourrait acheter toute une maison de pierres à écraser. Pourtant, il ne passe aucun jour sans qu'on n'utilise la pierre à écraser car elle transforme plusieurs choses : les condiments, les fèves, les grains, les feuilles et autres. Et quoiqu'on ait des outils à moteurs de nos jours pour vite faire cela, la pierre à écraser a la particularité qu'elle seule conserve la saveur naturelle de ce que l'on écrase. Plus impressionnant encore, la pierre à écraser produit du feu car maman me disait souvent qu'à son arrivée en mariage au village, grand-mère Anna allumait le feu de sa cuisine avec sa pierre à écraser. Je pense donc que c'est là où se trouve réellement le problème. Si j'avais à refaire mes études, je chercherais à être un ingénieur agronome car avec cette qualification, je ne chômerais sans doute pas. Je serais vraiment active et si les gens me poseraient des questions, ce serait pour obtenir des réponses qu'ils mettraient en pratique pour la production et la transformation des facteurs de bien-être et non pour animer la galerie ou pour servir de simple élément de décor comme l'armoire. Il y a sans doute ce dont on parle dans ce pays en matière de chômage des jeunes intellectuels, mais je crois que la question de base est celle de l'orientation scolaire. Car en ce troisième millénaire, notre pays ne devrait plus se contenter de former des étudiants qui ne peuvent pas s'auto employer et qui n'attendent que les concours étatiques pour espérer trouver des emplois. Je n'encourage pas le fait que ces concours soient l'apanage de quelques privilégiés sur des critères non objectifs, mais je pense qu'il est impératif de repenser notre philosophie en matière d'orientation scolaire et par conséquent de promotion de l'emploi, si nous voulons enfin résoudre l'épineux problème de l'insertion professionnelle des jeunes. D'ailleurs, je me demande pourquoi ne compose t- on pas en travail manuel au Baccalauréat. Je me dis que si le travail manuel comme matière obligatoire à toutes les séries avait un coefficient élevé lors des examens officiels, tout le monde serait prêt aux métiers pratiques plutôt qu'à se bourrer les têtes avec des théories à peine rentables. Oh mon Dieu ! Si j'avais réussi à obtenir un emploi, je ne serais pas en train de réfléchir dans tous les sens. Mon père me disait toujours que je finirais par être grande et comprendre pourquoi les grandes personnes souffrent. La vie commençait à me faire peur alors que je n'avais que vingt trois ans.

Chapitre 5 : Les larmes sacrées de mon grand-père.

Ça faisait une semaine que papa était au village pour suivre le déroulement des travaux champêtres. Il ne rentrait pas et cela inquiétait maman qui n'arrêtait pas de se lamenter. Elle pensait que le Pik up serait en panne comme c'était souvent le cas. Roger sortait tout le temps et passait parfois des nuits chez sa fiancée Chimène. Charly jouait de plus en plus et se salissait comme un porc. Amanda épuisait ses empreintes sur son téléphone androïde qui était son meilleur ami. Dans leur dépendance, grand-père Paul et ZIBOT étaient coupés du monde tels des escargots en saison sèche. Ils étaient tous plus malheureux que jamais, étant donné que nous ne leur rendions plus visite. Seule maman y allait pour leur donner à manger et rentrait aussitôt.

Nous étions le jeudi deux avril deux mille quinze. Pendant que je préparais un bouillon de poisson, Tonton Achille surgit à la maison, accompagné de l'un de ses amis en chantant joyeusement. Dans sa chanson, il prononçait mon nom et je me demandais ce qui lui arrivait. M'appelleraient-ils encore pour me demander de leur définir un mot ou énoncer une théorie comme d'habitude ?

- Paule-Milène ZOE ONGUENE, viens m'embrasser ma chère fille, insista t-il.
- Qu'y a-t-il Tonton Achille, demandai-je.
- Hé bien tu dois immédiatement m'ouvrir une bouteille de whisky car je viens de recevoir un appel de ton père me demandant de te transmettre la nouvelle de ton admission au Haut Commissariat des Nations Unies pour les Réfugiés...

J'ai tout de suite sauté sur Tonton Achille comme une gamine en criant très fort puisque que je savais qu'il n'était pas au courant de mes démarches pour postuler à cet organisme. Lorsque j'étais allée prendre mon téléphone dans ma chambre, j'avais constaté plusieurs tentatives d'appels de la part de papa et cela m'avait davantage convaincu. J'ai tout de suite essayé de le rappeler mais son numéro était déjà indisponible, puis j'ai appelé maman qui serait en train de rouler. Elle m'avait dit de la rappeler parce que le vacarme de la maison ne lui permettait pas d'entendre ce que je lui disais. J'avais donc insinué qu'elle serait en train de retourner à la maison.

Tonton Achille commençait à boire son whisky avec son ami lorsque surgit grand-père Paul avec sa canne et son bonnet. Il pleurait et cela nous refroidit. Je suis allée le soutenir puis il m'a pris dans ses bras tout en pleurant. L'ami de tonton Achille vint le prendre et le fit asseoir en le consolant, mais il n'arrêtait pas de pleurer. Jamais je ne pouvais imaginer que grand-père Paul pouvait pleurer un jour, car il était un réservoir d'espoir et de force mentale pour toute la famille. S'il avait pu avoir le courage d'aller chercher ZIBOT pour dormir avec lui sur un même lit tous les jours en acceptant se priver des visites de tous les villageois y compris de sa propre progéniture, s'il n'avait que rendu grâce à Dieu d'avoir laissé mourir sa femme, c'est que pour moi notre grand-père avait un moral d'acier. Mais ce jour, je l'ai vu pleurer à chaudes larmes, alors que la nouvelle de mon admission à une importante structure professionnelle nous parvenait. Quel paradoxe!

Maman arriva et je criai encore quand je la vis. Elle m'embrassa dans une confusion car elle avait regardé grand-père Paul et l'avait vu pleurer. Elle alla s'asseoir près de lui et posa sa main sur son épaule et lui demanda:

- Pourquoi pleures-tu Mot wom[11] ? (maman et son beau-père s'appelaient « Mot wom»)

- C'est la honte qui me fait pleurer Mot wom. La honte. J'ai failli mourir de honte lorsque j'ai réalisé que les ancêtres m'en voulaient pour quelque chose. Pourquoi m'auraient-ils abandonné ?! J'ai versé ma salive sur mon propre sang et il n'y avait que mes ancêtres pour me faire honte Mot wom. C'était pourtant ma première fois de leur demander un tel service ; alors je me suis demandé pourquoi auraient-ils refusé de me le rendre. La honte me rongeait jusqu'aux os Mot wom. Grand-père se leva et s'en alla dans leur local.

Depuis ce jour, nous avons davantage réalisé la bonne foi de notre grand-père et nous nous sommes engagés à donner du crédit à nos ascendants. Je comprenais pourquoi grand-père Paul était devenu si malheureux au point où il ne sortait plus de leur local. Depuis ce jour, nous avons recommencé à y aller pour écouter à nouveau ses contes et à jouer avec lui, sans craindre la présence de ZIBOT. Les grands parents ne sont pas forcément tous des sorciers. Bien au contraire, ils sont des sages, des bibliothèques voire des anges protecteurs. Car même si mon niveau d'études me permettait d'être retenue, je dois reconnaître que je n'étais pas absolument la plus diplômée ou que mon profil était des plus adéquats pour décrocher ma place au Haut Commissariat des Nations Unies pour les Réfugiés, d'autant plus que je n'avais aucune expérience professionnelle, ce qui était un sérieux handicap pour moi. Aussi, je reconnais que je n'avais rien fait d'extraordinaire lors de l'entretien. Mais une force incroyable m'avait soutenu et avait permis à ce que je sois retenue. Je dédie cet emploi à grand-père Paul. S'il mourra avant moi, je m'engagerais à bâtir sa tombe.

Chapitre 6 : l'imprégnation.

Le lendemain matin, j'arrivai au siège du Haut Commissariat des Nations Unies pour les Réfugiés à Bastos. L'ambiance n'avait pas changé car aussitôt je me présentai à l'accueil, le monsieur toujours souriant m'accompagna au bureau de monsieur Ousmane ASSAKOU. Sans surprise, il me présenta à la secrétaire. Celle-ci m'annonça puis revint demander au monsieur de l'accueil de faire venir le nommé Félix UM BISSAGA avec qui nous entrerions ensemble. Il emprunta l'ascenseur et revint avec un jeune homme avec qui nous étions le jour de l'entretien et que je venais de voir à la salle d'attente. J'avais voulu le saluer mais nos rapports avaient tellement été limités le jour de la compétition que je doutais que ce fut la même personne. Comme moi, son style vestimentaire était moins diplomate, moins lourd mais toujours décent et responsable. La secrétaire nous conduisit immédiatement chez Monsieur le Directeur qui nous réserva toute la chaleur.

- Bonjour mademoiselle et monsieur et bon retour à nous !
- Bonjour et merci monsieur, répondîmes-nous en cœur.

- Comment allez-vous ? Continua t-il
- Bi bien.
- D'accord. Nous allons patienter pendant une minute en attendant deux personnes qui vont certainement se joindre à nous tout de suite.
- D'accord monsieur, acquiesça le jeune homme pendant que je hochais la tête en regardant le monsieur.

Quelques temps après, une dame et un monsieur s'introduisirent dans la pièce sans se faire annoncer. Ils étaient gais et nous saluèrent tous avec un mélange de courtoisie et de simplicité. Monsieur ASSAKOU les fit asseoir avec autant d'émotion qu'on dirait de vieux amis qui se rencontraient après des années de séparation. Il leur demanda un peu de tout : la famille, la santé, le moral mais très brièvement avant de s'appuyer sur le dossier de son fauteuil en frottant les mains, l'air plutôt sérieux. Il se tut et reprit la parole :

- Voilà. Bonjour encore à tous !

- Bonjour monsieur le DRH, dirent le monsieur et la dame.

- Je vous présente madame Laure YAKO. Elle est ivoirienne, elle occupe le poste de Sous-directrice à la santé mentale au HCR Cameroun. C'est vraiment une ivoirienne parce qu'elle est aussi bien comique que endurante au travail car comme vous savez, découragement n'est pas ivoirien. A coté d'elle je vous présente Monsieur Yves PAKOBONGA qui est du Congo Brazzaville. Lui il occupe le poste de Sous-directeur, chargé de l'éthique et de la déontologie. Evidemment, il est un grand danseur comme tout bon congolais mais le paradoxe, c'est qu'il est impitoyable en matière de suivi et de respect de la morale et de la loi de la part du personnel de son ressort de compétence. Et sa compétence, c'est tout le Cameroun, tout comme Laure. Madame, monsieur, je vous présente nos deux anciens candidats au poste d'Agents d'Identification et Moniteurs des personnes issues des couches vulnérables dont l'offre d'emploi avait récemment été lancée par l'UNHCR-Cameroun. La fille et le garçon s'appellent respectivement Paule-Milène ZOE ONGUENE et Félix UM BISSAGA. Désolé si la prononciation n'est pas parfaite.

Il fit un léger sourire à son voisin de droite et continua :

- Le présent entretien a pour but de les mettre en quelque sorte dans le sillage de leurs devoirs mais aussi de leurs doits en l'absence des autres collaborateurs dont bon nombre de Directeurs sont en congé et sur le terrain. A cet effet, j'ai d'abord le plaisir de vous féliciter pour votre admission car nous devons avouer que ça n'a pas été facile.

- Merci monsieur, grommelâmes-nous.

Hé bien, continua t-il, je me réjouis du fait que la hiérarchie ait approuvé les critères qui ont soutenu vos candidatures dans les rapports que je lui ai adressés. Car bien que ceux qui ont challengé avec vous n'aient pas démérité, en si peu de temps vous avez su faire relever des indices parmi ceux que nous recherchions. Paule, tu dois te rendre compte que tu vas faire tes premiers pas dans le monde professionnel en général et dans le cadre onusien en particulier. J'ai particulièrement aimé ton courage dans un souci de promotion du genre et cela ne fâchera pas ma chère Laure. Bien au contraire! Alors le poste que tu décroches n'est pas du tout des moindres, autant te dire que les attentes à ton endroit seront également importantes. Mets donc ta jeunesse et ton intelligence en valeur pour déployer l'énergie que tu as au service de ta profession. Car pour être sincère avec toi, ton manque d'expérience professionnelle a failli jouer contre toi. Daigne donc capitaliser dès maintenant pour mieux étoffer ton CV, si tu aimerais prospérer dans les ONG. Quant à toi Félix, tu dois savoir que trente deux ans ce n'est pas encore assez pour penser être suffisamment expérimenté dans la profession, bien que tu aies déjà côtoyé d'autres organismes. Je vous rappelle, puisque cela va de soit avec ta camarade, que depuis sa création après la deuxième guerre mondiale, l'ONU n'a presque jamais failli en matière de promotion des Droits de l'Homme, de régulation des conflits et d'amélioration de la condition humaine dans le monde entier. A cet effet, le Haut Commissariat des Nation Unies pour les Réfugiés est l'un de ses bras séculiers. Alors, le HCR est la vitrine en matière de promotion des Droits de l'Homme les amis. Ce n'est donc pas anodin si le précédent dirigeant de la boîte est l'actuel Secrétaire Général des Nations Unies. En effet, je ne saurais monopoliser la parole car les hauts cadres qui sont là auront des aspects spécifiques à vous clarifier. Laure, ton mot...

- Merci beaucoup monsieur le DRH. C'est vrai que vous avez peut-être oublié de dire aux jeunes que vous êtes sénégalais et que comme tel, vous êtes un grand consommateur de thé vert. Tellement vous en consommez que votre énergie déborde et vous pensez que tout le monde peut rester au bureau jusqu'à vingt deux heures.

Nous rigolâmes et cela réussit à détendre l'atmosphère avant que la dame ne continua :

D'accord merci encore de me passer la parole. Je dois avouer que vous avez suffisamment parlé et vous avez dit l'essentiel, pas quantitativement, mais qualitativement. Je me rejoins donc à vous pour féliciter nos nouveaux collaborateurs à qui j'adresse également la bienvenue, particulièrement à ma fille Paule que je l'espère bien, ne tardera pas à rejoindre le réseau des femmes de l'UNHCR Cameroun. Moi je n'aurais pas voulu être à votre place, monsieur le DRH, pour devoir dresser les rapports précédant l'admission de Paule et Félix. Car vous savez au Cameroun, il y a trop d'intellectuels. Intellectuels là y en a même plus que footballeurs. D'ailleurs, même footballeur est docteur, comme le feu Docteur Théophile ABEGA. D'accord, d'accord. J'ai fais mes études en psychologie et au fur et à mesure que j'avançais, je me suis spécialisée en psychologie des couches vulnérables. J'ai déjà passé plus de quinze ans au HCR. Après Haïti, Soudan, et Cambodge, je suis au Cameroun depuis trois ans aujourd'hui. Disons que tous les réfugiés sont déjà des personnes vulnérables. Seulement, il y a des degrés de vulnérabilité en fonction de plusieurs facteurs. Vous chercherez à les connaître selon qu'il s'agirait des handicaps, des maladies d'appartenance éthiques et autres. Pour y arriver, vous travaillerez sur la base de quelques indices notamment les cas de stress somatique, de troubles psychiques, de troubles de sommeil ou d'anxiété généralisée. Evidemment, c'est un travail qui ne se fera pas seulement dans les bureaux climatisés de Yaoundé, mais sur le terrain. Et vous savez mieux que nous quelles pourraient être les embûches naturelles et humaines des différentes régions de ce beau pays des Lions Indomptables qui prend la peine d'offrir sa traditionnelle magnanimité à l'humanité en proie aux crises actuelles. Pour chuter parce qu'il ne faut pas que mon ami Yves dise que quand on est ivoirienne, on ne regarde que son coté et on ne voit plus rien d'autre. Etre humanitaire, c'est être courageux, c'est aimer ce qu'on fait, s'aimer soi-même mais aussi les autres. Donc, bon courage les amis.

On applaudit tout doucement au même moment que Félix et moi remercions la dame avant que Monsieur Ousmane ASSAKOU n'eut repris la parole :

- Yves...
- Bien merci monsieur le DRH. Les amis, je suis Yves PAKOBONGA de la République du Congo. J'ai beaucoup d'amitié pour le Cameroun et naturellement on se sent bien dans cette Afrique en miniature. J'ai fait des études de Droit à Brazza puis à Paris. J'ai eu le plaisir de rencontrer beaucoup de jeunes camerounais en Haïti où j'ai également travaillé avec Laure et Ousmane, puis au Soudan avant de revenir en RDC et maintenant ici au pays des Lions Indomptables. Bref avec moi, qui cherche trouve. D'ailleurs ce n'est pas moi qui fais la règle, mais la loi. L'ONU s'arrange à mettre ses employés de toutes les catégories dans les meilleures conditions de travail possibles, afin de leur éviter de tomber dans d'éventuels pièges. En retour, nous sommes astreints à respecter certaines règles de conduite relatives notamment à la loi et à la déontologie. Ceci se fait à un double degré. D'abord entre nous, car vous auriez pu remarquer que les gens s'appellent le plus souvent par les prénoms sans que cela n'empiète au respect de la hiérarchie ou de la camaraderie. Ce qui veut dire qu'il faut être courtois et gentil à l'égard de tout le monde. Il n'est point admis de clivages ou de stigmatisations de nature raciale ou ethnique ou encore de quelque sorte que ce soit. Alors le respect est mutuel et général. Les polémiques, les haines et toute sorte de discorde sont à bannir de nos habitudes. Maintenant pour ce qui est des rapports avec les autres comme ça pourrait être le cas avec les Réfugiés, il faut davantage faire attention. Car sur le terrain, vous aurez sans doute à faire à des personnes complexes et délicates. Alors si vous commettez certains actes, vous pourrez payer très cher les amis. Vraiment cher. Par exemple, les relations sexuelles sont déconseillées entre collègues et strictement interdites avec les réfugiés ou les déplacés. Je dis bien strictement interdites.

Il nous regarda tour à tour droit dans les yeux avec un air ferme puis continua :

- D'accord ? Vous ne devez sous quelque prétexte que ce soit céder les amis, que vous alliez vers eux ou qu'ils viennent vers vous, c'est la même chose. C'est tolérance zéro. Car cela vous couterait irrévocablement des poursuites judiciaires et tout ce qui va avec. Mais ce n'est pas tout, il y a autres choses comme les transactions commerciales ou toutes les autres formes de trafic relatives à l'exercice de votre métier. Il faut absolument faire attention à tout cela. S'il vous arrive d'avoir une relation amicale avec quelqu'un, il faudrait que cela se limite au cadre de votre métier à moins que cette personne ne soit pas employée ou sous la charge de l'ONU. Vous savez, le Haut Commissariat des Nations Unies pour les Réfugiés a eu l'honneur d'avoir eu à sa tête l'actuel Secrétaire Général des Nations Unies qui a un regard particulier sur la boîte et qui connait bien le Cameroun pour y avoir été à plusieurs reprises. Tout cela n'est pas anodin. En un mot, soyez professionnels et respectez la déontologie de l'organisme mes chers amis.

- Bien merci à vous. Je pense que Paule et Félix vous ont attentivement écouté, dit Monsieur le DRH. Et même si je dois avouer que nous ne pourrions pas tout leur dire ici, je peux avoir la certitude que vous avez déjà dit l'essentiel. Bien évidemment, il y a des gens qui vous encadreront sur le terrain sans oublier qu'une importante documentation sera mise à votre disposition afin de mieux vous édifier sur votre travail. Sur ce, je vais vous dire à tous une fois de plus merci. Avant de parler de vos salaires dont les termes seront mieux établis par monsieur le Directeur National des Affaires Financières, je vous notifie néanmoins que d'entrée de jeu, vous aurez cinq cent mille francs CFA chacun mensuellement. Mais avant votre départ de Yaoundé qui est prévu pour après-demain, une prime de deux cent mille francs vous sera versée. Ça s'appelle Prime d'Induction les amis. Alors sans aucun doute, vous partirez de Yaoundé après-demain pour Kenzou[12] pour ce qui est de Paule et Minawao[13] pour ce qui est de Félix.

Les trois personnes nous regardèrent au même moment en faisant un sourire d'encouragement, on dirait que nous avions vraiment du pain sur la planche. Puis monsieur le Directeur termina son propos en demandant si quelqu'un avait quelque chose à dire.

Personne ne parla. Alors il se leva et tendit la main à chacun de nous tour à tour pour nous dire au revoir. Lorsqu'il saluait Félix et moi, il ajoutait « après-demain matin, avec vos effets personnels. »

Chapitre 7 : Nés de nouveau.

Une fois sortis de la clôture, Félix et moi nous embrassâmes brusquement avec une extraordinaire joie. Nous longeâmes ensemble la succession de clôtures bordant les rues de ce quartier résidentiel de Yaoundé, comme si nous habitions une même maison. Tout d'un coup, nous étions devenus aussi amis qu'on aurait cru des enfants d'un même père. Main dans la main, nous réalisions combien de fois les voies du destin étaient insondables. Qui l'aurait cru ? Qui aurait cru le jour de l'entretien d'embauche que Félix UM BISSAGA et moi-même Paule Milène ZOE ONGUENE pouvions devenir aussi proches que ce jour ?! Le chômage est en effet une cause de division des jeunes. Certaines frustrations naissent du fait qu'une frange de personnes survole le marché de l'emploi, alors qu'aucune raison réelle n'explique le fait qu'une autre puisse sans cesse tirer le diable par la queue. Alors, lorsqu'il y a une quelconque échéance, chacun regarde l'autre comme s'il venait y participer sur recommandation, juste parce que cela est déjà inscrit dans nos mentalités. Dès lors, on ne pense plus à se battre normalement. On développe soit l'adversité envers les autres, soit la ruse à travers des démarches maladroites. Il faut que cet état de choses change.

Ce jour, le ciel jadis sombre s'éclaircit sur nos têtes, nos esprits devinrent sobres, et nos cœurs se remplirent de chaleur au point où nous eûmes l'impression que nous étions nés de nouveau et que le monde entier était notre propriété. Nous faisions face aux regards des gens avec tant de zèle que nous pensions qu'il était lisible sur nos visages : « les deux jeunes nouveaux employés du Haut Commissariat des Nations Unies pour les Réfugiés ». Sur des centaines de mètres, tous les taxis qui klaxonnaient près de nous à la recherche de clients le faisaient en vain. Nous nous contentions d'exalter les bienfaits de Dieu et de projeter sur la vie désormais paradisiaque que nous allions mener à partir du moment où nous aurions le choix sur nos fantasmes de depuis longtemps. C'est quasiment après deux kilomètres de marche que je sursautai puis je dis à Félix :

- Gars laisse moi regarder si je peux appeler mon père car depuis ce matin, mon téléphone est en mode silencieux.

- Mon Dieu, le mien également et, pour dire vrai, cette direction n'est pas celle ma maison, répondit mon compagnon.

- Ah bon ?

- Hé oui ! En effet, j'habite le quartier Nlonkak et toi ?

- Je reste avec mes parents à Odza. D'accord, veux-tu bien que nous nous asseyions quelque part pour boire une bière chère collègue ?

- Non pas pour le moment. Vois-tu, j'ai vingt six appels manqués dans mon téléphone parmi lesquels ceux de mes parents et de mon amant.

- Okay, je vais donc retourner pour prendre un taxi. Ça mérite d'être fêté, mais fais attention à toi, Paule, ne commets pas d'excès ! Surtout, faisons l'effort d'être à l'heure après-demain. D'ailleurs, passe-moi ton numéro de téléphone s'il te plait.

Nous nous échangeâmes les numéros de téléphone et nous séparâmes. Félix stoppa sans peine un taxi qui l'amena. Quant à moi, ce ne fut pas aussi évident. Je dus encore parcourir une centaine de mètres toute seule avant de comprendre que je devais d'abord emprunter un premier taxi pour le rond point de la poste centrale, puis un second qui me conduirait au quartier Odza. Mais toujours était-il que le soleil de ce jour rayonnait pour moi et quoiqu'il en fût, je me sentais avoir le contrôle de toutes les situations. Une fois que je pouvais suivre la sonnerie de mon téléphone, je ne tremblais plus à chaque appel car c'est moi qui décidais de celui auquel je pouvais répondre ou pas. D'ailleurs, depuis que la nouvelle de mon recrutement se rependait, j'étais surprise de la densité et de l'augmentation spectaculaire de mon réseau social. C'est tel oncle éloigné qui me rappelait subitement ici avec une ironique chaleur les circonstances de ma naissance et combien de fois sans sa présence, je serais passée de vie à trépas à cause d'une rate pour laquelle mes parents s'obstinaient en vain à m'amener à l'hôpital plutôt qu'à l'indigène, de son initiative. C'est telle cousine qui me rappelait là combien de fois les gens nous appelaient toujours « les jumelles » parce que nous aurions été très proches et donc semblables durant toute notre enfance. Dieu seul sait pourquoi tout cela mais le moins que l'on pouvait dire c'est que le chômage fait trop de mal. Car il étourdit, il rend aigri, méchant, esseulé, déboussolé, malhonnête, inserviable, désemparé, moisi et, pour tout dire, il avilit, il tue.

La vie avait souri à Félix et à moi et même si nous n'étions encore en possession d'aucun franc, il était certain qu'il ne nous restait plus que quelques formalités à remplir. De simples formalités. Chacun était sans doute arrivé à ce stade en empruntant sa voie. Pour Félix, il s'agissait peut-être de son intelligence, de ses relations, de son expérience, de sa chance ou tout simplement de son destin. Mais pour moi, qu'en était-il réellement de tout cela ? Dans mon esprit, rien de précis ne me permettait de dire avec certitude mes atouts pour ma réussite. Etait-ce parce que j'étais une jeune et belle femme ? Sans doute pas car il y en avait pleinement le jour du challenge, et bien plus belles que moi à l'instar de celle qui ne cessait de refaire son étincelant maquillage. Etait-ce parce que j'avais un plus lourd bagage intellectuel ? Non plus car mon niveau d'étude n'était que le minimal requis pour être retenu pour l'entretien. Quoi donc ? Pas d'expérience de service, rien rien. Rien de vraisemblablement particulier hormis les bénédictions de grand-père Paul. Hé oui cela n'était pas à négliger et c'est peut-être ce qui a joué en ma faveur.

Une fois que je décidai donc de prendre le taxi en deux temps, j'en trouvai et allai à la maison.

<u>Chapitre 8</u> : Mon agréable entourage professionnel

Après avoir passé quatre mois à Kenzou, j'avais presque fini de m'acclimater avec les milieux géographique, social et surtout professionnel. J'avais eu l'occasion de faire les nuances entre les commentaires et les conseils des uns et des autres sur ce qu'ils voulaient me faire savoir et ce que je vivais vraiment sur le terrain. En somme, une bonne partie de vérités, mais aussi bien d'insinuations, de créativités personnelles avec le plus souvent des hyperboles voire des tromperies. Si j'emplois le mot tromperie, c'est par euphémisme pour le respect que j'ai pour les gens qui me parlaient des réalités du terrain car ce que j'aurais dû normalement dire c'est qu'ils m'ont beaucoup menti. Moi-même je me demande comment j'avais pu abandonner mes études en géographie, en sociologie et la moindre logique pour ne prendre en considération que leur parole.

La sœur à ma mère, tantine Babette m'avait par exemple dit la veille de mon départ, lors du buffet offert par mon père à mon honneur : « Paule, tu as beaucoup fréquenté et tu es encore si jeune. Alors fais attention aux jaloux car tu dois t'y attendre. Ah cela ne peut pas manquer, je t'assure. D'ailleurs, je me demande comment tu arriveras à gérer ça. D'abord c'est le personnel féminin qui te présentera les premiers signes d'hostilité dès ta prise de service. C'est naturel et tu ne me diras pas que tes amies à l'université ne t'ont pas souvent démontré quelques illustrations lorsque tu t'es avérée plus belle ou plus intelligente qu'elles. Ensuite, les hommes. Ces vautours et malhonnêtes qui te prendront d'entrée de jeu pour leur proie. Ils te présenteront tout : or, argent, véhicules, vêtements, bijoux, promesses faramineuses et tout et tout, juste pour t'abuser et finir par te vilipender après avoir causé toute sorte de dégâts dans ta vie. Alors tu as réussi à décrocher un très bon emploi, ce qui n'est absolument pas aisé dans notre société d'aujourd'hui. Tu dois infiniment rendre grâce à Dieu et jouir de ta merveilleuse destinée. Seulement, tu dois savoir que dans la vie, on n'en découd jamais avec les difficultés. Ah ça jamais ma fille. Sartre ne disait-il pas que « L'Homme est partout dans les fers » ?! »

Je me disais qu'elle avait conclut son discours par cette citation, alors que son silence ne lui permettait que de mieux sentir comment une gorgée de whisky lui parcourait les entrailles. Elle continua aussitôt : « Néanmoins ma fille, je te le dis en toute sincérité. Ne suis-je pas la seule petite-sœur à ta maman ! Depuis quand un membre de la famille maternelle a-t-il été méchant envers une nièce ou un neveu? »

Elle m'appuya la cuisse, puis me passa la main sur les épaules en souriant et ajouta : « Chez nous, on ne peut faire aucun mal à un neveu ou à une nièce qui paye régulièrement son Ntolo[15]. Et dans cette maison, j'en consomme à temps et à contre temps. Donc tu peux être sûre que je te prodigue seulement de bons conseils. Aussi vrai soit-il que tu auras à cœur de préserver ton emploi, tu tâcheras de garder par tous les moyens ton intégrité et ta dignité. Ne te laisse pas impressionner par des illusions et des fantasmes pour finir par être une femme frivole et vulgaire. Ah ça non ma tendre fille, si j'entends cela de toi, je mourrais car il n'y a de pire insulte pour une femme qu'on dise d'elle qu'elle est vulgaire. Une femme vulgaire, c'est celle-là qui n'a rien de spécial ; elle est à la portée de tous, hommes comme femmes puisqu'on en parle déjà de nos jours. Elle est sans authenticité, elle n'est que du déjà vu. Pourtant, ta mère et moi ne l'avons jamais été. Ceux qui avant vos pères avaient voulu mesurer le poids de nos cuisses ont vite compris qu'elles pesaient très lourd et que pour arriver à les soulever, le parcours à effectuer était long, parsemé d'embûches tel un chemin de croix. D'ailleurs, vos papas qui ont fini par réaliser l'exploit de le faire savent que jamais nous n'avons eu la cuisse légère. »

Tantine Babette fit un grand rire en le disant et cela finit par attirer l'attention de tout le monde dans la maison, malgré le grand vacarme et la musique bruyante des « Têtes Brulés » qu'il y avait. L'ayant constaté, elle s'excusa à voix basse auprès de moi puis conclut de la même manière : « Vas retrouver tes invités et sois bénie Paule. Ta mère m'a déjà dit que tu lui as présenté un Miah[16]. Reste avec lui s'il se comporte bien et ne sois pas accro à l'argent car cela ne nous ressemble pas. Vas-y et dis lui s'il est là qu'il est grand temps pour lui de se présenter en homme et de nous faire boire du bon vin, ha ha ha ».

………

Durant des mois, je vivais à Kenzou mais ces réalités n'ont été qu'à peine vraisemblables, quoique ces conseils de ma tante me soient toujours utiles dans ma vie de femme notamment. Il est bien vrai que je ne pouvais pas prétendre n'être entourée que d'anges dans mon service, mais je crois que le caractère rigoureux et sévère des règlements qui le régissent ne permet pas que de quelconques états d'esprit ou les pulsions des uns et des autres puissent prévaloir sur l'essentiel. Ce genre de choses existe peut-être ailleurs, mais pas chez nous. Je réalisais pourquoi nous avions été avertis avec insistance sur la moralité, la discipline et le respect de la déontologie par monsieur Yves PAKOBONGA.

Depuis ma prise de service, je n'avais que de merveilleuses personnes autour de moi. Au départ, je pensais que l'attitude de ces personnes à mon égard changerait au fil du temps, lorsque la gentillesse, la convivialité, l'entraide et l'affection mutuelles laisseraient place à la ruse, aux rivalités, aux pratiques occultes et à la jalousie. Mais curieusement, les choses n'allèrent que de mieux en mieux. Madame FADIMATOU MIRA, notre doyenne d'âge regroupait en elle seule les qualités de patronne, mère et amie. A ses cinquante huit ans, elle ferait encore fondre le cœur d'un adolescent. C'était une femme grande d'environ un mètre soixante quinze centimètres qui devait ressembler à un mannequin sénégalais à sa jeunesse. De teint clair-feu, son visage faisait la poupée. A première vue, j'aurais cru un personnage zélé et orgueilleux. Cependant, FADI (nous l'appelions affectueusement ainsi) nous embrassait comme ses propres enfants. Elle savait parfaitement faire chaque chose en son temps et se mettait systématiquement sous la peau qui convenait à chaque circonstance. Au travail, c'est elle qui imprégnait tous les nouveaux venants sur le terrain et au bureau. C'est aussi elle qui nous facilitait l'insertion sociale et c'est enfin elle qui s'échinait à trouver les moyens par lesquels nous pouvions nous approvisionner de nos petites choses de femmes.

Quant à Nicole ma collègue, mon amie et ma sœur, je ne saurais rien dire d'elle car elle c'est moi. Lorsque FADI nous trouva un appartement où nous devions habiter en colocation, j'eus toutes les inquiétudes du monde car je n'avais jamais vécu en pareille situation. J'avais toujours été dans notre maison familiale à Yaoundé. Quand je rendais compte à ma mère de la décision de FADI de me faire habiter avec une collègue dans une même maison, elle me disait de prendre cela positivement, de capitaliser en expérience et d'œuvrer moi-même d'abord pour que nos rapports fussent conviviaux. Maman m'a toujours dit que « la clé des relations interpersonnelles, c'est de chercher à connaître son prochain. Alors si tu penses vraiment connaître ton prochain, considère-toi toujours comme étant la responsable de tout écueil pouvant survenir entre vous ; car cette connaissance que tu prétends avoir de lui devrait te permettre d'éviter quelque écueil avec ton prochain nonobstant la diversité et la complexité des esprits humains ». Ainsi, je me bats chaque jour à respecter cette théorie certes idéaliste de ma mère partout où je vais. Heureusement, la tache s'avéra des moins pénibles avec Nicole.

Avec le temps, je finis par comprendre que je n'avais plus trop besoin d'appeler mes parents pour les informer de tout ce qui se passait dans mon milieu professionnel, voire dans ma vie. D'ailleurs, je n'avais plus assez de temps pour cela. Nicole, FADI et les autres me comblaient de toute l'affection telle que l'aurait fait une famille de sang. Je montais et je descendais avec elles et jamais nous n'avons eu d'écueil. Les collègues masculins allaient jusqu'à nous taquiner d'être lesbiennes car disaient-ils, les femmes ne peuvent jamais vivre en paix de façon durable tant leurs rapports sont si permanents. Nicole et moi nous contentions de rire en nous serrant encore plus fort dans les bras.

....

Chaque jour sauf les week-ends, nous rejoignions Fredy et le chef de la communauté des Réfugiés avec qui nous parcourions les différents locaux des chefs de quartiers du grand camp pour y recueillir des informations sur la base desquelles nous dressions nos rapports. Il fallait rencontrer une marrée humaine dont les membres venaient de divers horizons, en grande majorité de la République Centrafricaine. Des gens aux comportements très divers et variables. A certains moments, elles nous réservaient un accueil chaleureux dans leurs « domiciles » mais à d'autres, elles nous affichaient plutôt une hostilité farouche. Néanmoins, c'était notre devoir de les gérer avec tact. Heureusement, les éléments des forces de l'ordre nous protégeaient à chaque fois que nous nous frottions à eux. Les personnes qui nous préoccupaient le plus étaient celles dont les souffrances avaient atteint un niveau de gravité criard. Seulement, nous finissions par avoir du mal à les distinguer car dans les tentes, les images et les témoignages que nous recevions çà et là nous choquaient profondément. En particulier, nous nous intéressions aux femmes, aux jeunes filles, aux enfants et aux personnes handicapées. Jamais de ma vie je n'avais vu des humains souffrir à un tel degré. Pourtant, ce n'est pas une catastrophe naturelle qui les fit en arriver là ! C'était plutôt par le fait de la volonté de leurs semblables. Comment comprendre cela ? Comment ?! Quand je voyais la précarité dans laquelle les femmes enceintes, celles qui allaitaient leurs bébés et les jeunes filles vivaient et surtout lorsque je réalisais qu'elles n'avaient pas meilleures conditions, je me demandais ce qu'elles avaient pu voir de leurs yeux avant d'arriver dans ce camp. J'étais embarrassée chaque jour car d'une part, j'étais excitée par l'envie d'aller leur offrir un sourire afin d'obtenir le leur, mais triste d'autre part de voir ces images qui m'accablaient l'esprit au point d'avoir de la peine à trouver le sommeil la nuit. Nicole me disait toujours que j'avais de la chance de n'avoir pas été là plus tôt car leur état était pire. J'en demeurais ahurie. Il y a des conditions dans lesquelles un être humain de surcroit une femme ne devrait pas être soumise, quels qu'en soient les mobiles.

Dans le village, on parlait d'une insécurité réputée. Les braquages, les vols, les viols et même les tueries seraient récurrentes. Néanmoins, nous eûmes de la chance d'avoir des véhicules et des chauffeurs à notre disposition, un appartement entouré d'une grande clôture parsemée en haut de morceaux de bouteilles cassées et surtout de quelques personnes qui nous ravitaillaient de vivres, de la viande et du poisson à domicile. Il était dit que toutes les victimes de guerre n'avaient pas intégré le camp des réfugiés. Plusieurs personnes auraient préféré se débrouiller dans les quartiers en tant que moto taximen, ou « faits tout » pour les hommes honnêtes, puis domestiques ou blanchisseuses pour les femmes sérieuses. Par contre, les autres commettaient toute sorte d'exactions et de déviances dans la localité et les environs. Les jeunes filles en particulier seraient en train de nourrir des familles entières à la sueur de leurs cuisses. Dieu seul sait si celles-ci prenaient au moins le soin d'exiger l'usage de préservatifs à leurs « clients ». Ouf ! Quel triste sort pour les pauvres !

Tout avait changé dans ma façon de percevoir les choses et je comprenais que c'était à dessein que j'avais eu l'opportunité d'être recrutée au HCR. Désormais, je n'existais plus mais je vivais vraiment. En cherchant le travail, on ne doit pas seulement penser aux fantasmes et au gain, mais on doit aussi penser aux épreuves. Les soucis ne finissent pas dans la vie, me disait tantine Babette. De temps en temps, Félix me téléphonait pour me raconter ses expériences du coté de Minawao. Que de choses choquantes.

Toutefois, en relativisant ce qu'il me rapportait avec ce qui se passait de mon coté, je réalisais que la santé mentale des réfugiés était affectée par plusieurs facteurs qui révèlent à la fois des expériences pré migratoires et des conditions d'adaptation au milieu hôte. L'interaction de ces deux facteurs évolue cependant en fonction du temps, marqué par tantôt des périodes de relatif équilibre, tantôt de perturbations inattendues comme si le processus d'adaptation ne se complèterait jamais.

Nos enquêtes auprès de nombre d'entre eux à l'aide de l'expertise de Frédy le psychologue aboutissaient à la conclusion que la plupart d'entre eux souffraient de névrose. Le plus troublant était lorsque nous nous rendions compte que pendant les mouvements d'humeur des réfugiés, leurs chefs de quartiers avec qui nous pensions travailler en parfaite collaboration étaient les premiers à exprimer cette hostilité farouche à l'encontre de l'organisme. Un jour, l'un d'eux poussa Nicole dans le dos lors d'une protestation contre la distribution des denrées alimentaires.

- Pensez-vous que nous sommes des oiseaux pour manger du riz chaque jour ? Gronda monsieur BARIKOU, le chef du douzième quartier.

- Bah non monsieur ! Bien sûr que non mais souvenez-vous que nous prospections ensemble il y a une semaine pour recueillir vos avis sur les denrées les plus prisées par votre communauté ! Dit Nicole.

-Pas question ! Vous nous prenez pour des oiseaux madame !

- Non monsieur BARIKOU, nous sommes là pour votre bien et nous ne voulons que votre bien, s'il vous plait...

Les gendarmes formèrent une ceinture de protection autour de nous et repoussèrent la foule qui devenait de plus en plus excitée.

- Pourquoi agissent-ils ainsi Monsieur, Pourquoi monsieur BARIKOU nous déçoit-il devant sa communauté alors que nous avons recueilli son avis personnel au préalable pour ce qui est de ces denrées ?! Demandai-je à Frédy.

- Ecoute Paule, monsieur BARIKOU n'est pas très différent de tous les autres réfugiés qui sont névrosés. Tu sais que la névrose est caractérisée par des troubles affectifs et émotionnels sans causes automatiques, et intimement liée à la vie physique du sujet. Mais crois-moi, ça va aller car elle n'est généralement pas grave et ces troubles comportementaux sont souvent mineurs. Il peut s'agir de facteurs génétiques car tu sais que la plupart des centrafricains en particulier sont nés dans une atmosphère de belligérance qui peut laisser croire qu'ils ont la violence dans leur ADN. Il peut aussi s'agir d'une déficience au niveau des neuraux transformateurs à laquelle on peut en outre associer les anomalies dans le cadre du développement cérébral. N'oublions pas l'environnement social et familial de la personne qui peut avoir un impact sérieux, c'est le cas des antécédents néfastes, notamment dans les situations d'abus sexuels, d'une exposition à l'angoisse, et au stress comme l'abandon des parents et les troubles mentaux. C'est donc la somme de ces quelques facteurs qui fait présenter les symptômes que nous rencontrons chez la plupart de ces réfugiés. Vous constaterez que pas plus tard que demain matin, monsieur BARIKOU nous présentera un visage totalement différent de celui qu'il nous fait voir aujourd'hui. Ha ça je peux vous le rassurer, par expérience. Donc de notre coté, nous ne devons pas prendre à cœur leurs agissements d'il y a de cela quelques temps. Ce que nous devons toutefois retenir, c'est qu'il faut toujours prendre des précautions sécuritaires, même comme nous faisons de l'humanitaire. Il faut toujours éviter l'isolement ou développer des affinités extra professionnelles car cela n'en vaut pas la peine, la nature humaine ne permettant pas qu'un tiers se contente d'être sous une quelconque dépendance associée à la précarité.

Bon à présent, nous allons devoir retourner au bureau pour rendre compte à la hiérarchie de ce qui s'est passé et préparer nos rapports, chacun en ce qui le concerne, exceptée Nicole qui, je crois prendra la direction de l'infirmerie. Néanmoins, nous allons effectivement continuer la distribution des denrées à une date qui sera certainement fixée par nos chefs.

Frédy fit comprendre aux gendarmes ces résolutions et ils nous escortèrent jusqu'au bureau. Ils étaient vraiment gentils, ces gendarmes. Nicole renonça d'aller à l'infirmerie, sûre qu'elle n'avait reçu rien de grave après la poussette de monsieur BARIKOU. Au bureau, nous n'y retrouvâmes pas FADI, mais nous rendîmes compte aux autres chefs. Après, c'était l'heure d'un repas que nous primes en moins de trente minutes avant de nous focaliser sur nos ordinateurs à la rédaction des rapports. J'étais si concentrée qu'il ne fallut qu'un coup de fil pour me distraire. Le coup de fil d'un certain... René.

Ouf ! Ca m'égaillait car ses caprices depuis une semaine finissaient par m'affecter. Mais comme d'habitude, c'est lui qui arrangeait nos problèmes. Ceux pour lesquels il avait tort comme ceux pour lesquels il avait raison, c'était comme ça et cela ne faisait l'objet d'aucun débat, bien que je fusse parfois importunée par son silence. C'était le cas ces derniers temps. René m'appelait donc pour me demander plus d'informations sur le trajet Bertoua-Kenzou, car il y était déjà à mi-parcours. Quelle histoire !

Je me sentis confuse, animée par une petite réticence due au fait que son voyage était trop brusque et osé. Cela me confortait davantage sur mes arguments en ce qui faisait l'objet de notre polémique. Je l'accusais toujours de faire les choses à sa tête et de me donner l'impression que lorsque je devais intervenir dans notre relation, c'était bien longtemps après qu'il ait déjà pris ses résolutions. Donc j'étais tout le temps en train de suivre ses directives. Mais moi Paule Milène ZOE ONGUENE, je n'ai jamais souhaité être une telle femme et de toutes les manières, ça n'arriverait pas. Même à mon cadavre ! Longtemps est passée l'époque où je ne servais que d'objet de décor comme l'armoire. Mon homme devrait me consulter pour toute question en tant que véritable partenaire et non comme une vulgaire marionnette. C'est ma position jusqu'à ce qu'il le comprenne et qu'il l'intègre au plus profond de son esprit.

Mais au fond, une troublante envie de crier fort m'animait lorsque René me disait qu'il venait. Je feins de cacher la nouvelle à Nicole et c'est pour cette raison que je m'arrangeai à arrêter ma conversation à l'extérieur du bureau. Mais je ne sais pas ce qu'elle avait pu lire sur mon visage pour me faire une petite mine de curiosité lorsque je rentrai. De nous deux, personne ne pu dire mot. Je compris que ma copine me connaissait de plus en plus.

Nous terminions la rédaction de nos rapports aux environs de seize heures sous le regard impatient du chauffeur qui, comme d'habitude se tordait des douleurs infligées par l'oisiveté. D'ailleurs, même si nous n'aurions pas terminé la rédaction de ces rapports au bureau, nous l'aurions fait à la maison car cela nous était permis, à condition que la direction les reçoive le lendemain à la première heure.

En cours de route dans le véhicule, j'introduisis la conversation avec Nicole :

- Ma copine, j'ai à t'annoncer une nouvelle.
- Dis-moi la fille, elle est bonne j'insinue !
- Bah oui plus ou moins.
- Okay vas-y dis-la moi car je brûle d'impatience ma sœur.
- En tout cas René arrive.
- Waaaaouh ! Et c'est dans combien de jours ma copine ?
- Il est en route. Donc c'est pour ce soir ma copine.
- Ce n'est pas vrai ça ma puce ! Pourquoi ne me l'as-tu pas dit depuis pour que nous garnissions davantage le réfrigérateur ?
- Laisse ma chérie, c'est durant l'appel que tu m'as vu recevoir lorsque je suis sortie du bureau qu'il me disait qu'il venait de dépasser Bertoua.
- Mon Dieu ! Je l'aurais insinué, à lire l'expression de ton visage. Cela fait-il longtemps ?
- Ouf !
- Ne t'en fais pas ma chérie, nous allons pouvoir faire quelque chose d'accord ? Nous sommes des filles capables okay ?

Nicole me présenta sa pomme de main que je fis claquer avec la mienne. Ensuite, elle appela ZOUGA, notre ménagère pour qu'elle fit le point de ce qu'il y avait dans le réfrigérateur pour savoir ce qu'il fallait compléter. C'est ainsi que nous nous arrêtâmes au petit marché pour y acheter de la viande de bœuf, des alvéoles d'œufs, de l'igname, des fruits, du pistache et autres.

Ayant été avertie que nous recevrions un invité de marque, ZOUGA avait effectué le nettoyage des grands jours à la maison. Ma chambre, celle de Nicole, les toilettes, la cuisine et le salon brillaient à se mirer. Elle restait à attendre toute éventuelle instruction, y compris au mépris de son heure de retour chez elle. Jamais je n'avais vu une fille de dix sept ans de niveau cinquième aussi consciencieuse et aussi respectueuse. Contrairement aux ménagères que maman employait à la maison familiale à Yaoundé, ZOUGA savait se débarrasser des complexes féminins, des débordements d'humeurs de jeune adolescente et de tout comportement superflu pour se consacrer à l'essentiel. Elle reflétait le cadre dans lequel elle vivait car elle disait vivre avec sa grand-mère qui était dans un petit village environnant.

Malgré ce que j'avais pu faire pour convaincre Nicole pour que nous préparions quelque chose de simple et de rapide à l'occasion de l'arrivée de René, elle avait décidé de faire impérativement un met de pistache, car je lui avais préalablement dit que cela était son plat préféré. Elle avait complètement oublié qu'elle aurait été couchée sur un lit d'hôpital après la poussette de monsieur BARIKOU.

Il était dix huit heures treize et je recevais plusieurs coups de fil, sauf celui de René. Cela m'agaçait déjà mais je m'abstenais de l'appeler, juste pour ne pas qu'il se fit des idées. C'est comme ça que suis. Ce n'est qu'à dix huit heures quarante huit minutes qu'il m'appela pour me dire d'aller le chercher à la gare routière ou de lui indiquer exactement la maison. J'enroulai rapidement un pagne au dessus d'une petite culotte de maison que je portais au moment où je recevais l'appel. Puis, de ma chambre je criai à Nicole :

- Il est à la gare, ma copine !
- Ah bon ! Réagit- elle dans la cuisine.
- Hé oui ! Dis-je.
- Bah tu cours donc le chercher pendant que je termine la cuisson, n'est-ce pas ?
- D'accord ma sœur.

Je sortis de ma chambre, en courant quasiment. Arrivée au salon, je vis ZOUGA qui me fit d'un geste savoir que je devrais mettre un soutien gorge sous mon t-shirt qui était beaucoup trop blanc et un peu transparent, montrant ainsi l'agressivité des tétons de mes seins. Alors je retournai dans ma chambre ayant consenti que son observation était pertinente. De toutes les façons, le chapitre séduction n'avait pas encore commencé, me dis-je. Elle avait tout à fait raison, ma chère ZOUGA. Je trouvai une fois de plus tout le bien fondé de l'avoir non seulement comme ménagère, mais aussi comme compagnie féminine à nos cotés.

En me voyant courir vers le portail, elle cria derrière moi : « ah mon Dieu ! Je n'ai jamais vu tantine Paule aussi heureuse. » Je me senti un tout petit peu ridicule mais en tout cas, le fait de savoir que mon

René était à la gare routière m'avait métamorphosé et m'avait envoyé dans un autre monde, un monde que je ne pensais pas que la pauvre ZOUGA avais jamais franchi un jour.

Il me fallut peu d'effort pour le retrouver, mon René, mon grand joufflu, mon bout de chou. Je le trouvai encore plus grand, encore plus mignon et plus propre. C'était pourtant lui, mon héros. Cependant au fond, il n'avait pas changé ; simpliste dans son style vestimentaire, il portait un pantalon jeans bleu avec une chemise marron sur laquelle il enroulait un pull over autour du cou et une paire de mocassins en daim marron aux pieds. Avec sa même coiffure aux courts cheveux, il faisait parfaitement l'intello derrière sa paire de lunettes optiques. Lorsque je me laissai engouffrer dans ses bras, je me senti si petite et la dizaine secondes pendant laquelle je m'y abandonnai dura une éternité. Je séjournais au royaume des merveilles. Son parfum m'avait enivré de bonheur et ses mains autour de ma taille m'avaient installé sur le trône de la reine d'Angleterre. Que je l'aimais, mon René !

Après la dizaine de secondes, je revins sur terre et sortis de mon envoutement pour le câliner sur ses lèvres rougeâtres. Tout de suite, un conducteur de moto se mit à klaxonner pour nous proposer ses services. René lui demanda de faire venir l'un de ses collègues qui devait transporter ses bagages. Je me demandai pourquoi avait-il apporté deux énormes sacs juste pour venir me voir, sans oublier le paquet des pâtisseries qui n'était pas des moindres. Si je savais qu'il serait aussi encombré, j'aurais fait venir le chauffeur pour nous transporter avec les sacs. Néanmoins, nous empruntâmes les deux engins à deux roues sans problème.

Lorsque nous arrivâmes à la maison, il était dix neuf heures et trente minutes, et c'est ZOUGA qui nous ouvrit le portail. Elle était encore là à cette heure !

- Chéri, je te présente ZOUGA, notre fille de ménage, dis-je.
- N'a-t-elle pas de prénom chérie ? Demanda René.
- Si elle en a chéri. Elle s'appelle Delphine.
- D'accord je préfère que nous l'appelions le plus souvent ainsi.

Je fis un sourire sympathique et continuai les présentations alors que nous nous trouvions déjà à l'intérieur de la maison où nous attendait Nicole.

- Je vous présente René, mon amant… Mon cœur, voici Nicole dont je te parle tous les jours. D'ailleurs, vous avez l'habitude de converser par téléphone.

Les deux s'embrassèrent puis nous nous installâmes au salon pendant que Delphine mettait les sacs de René dans ma chambre.

- Très heureux de te voir, Nicole dit René.
- Moi de même René, répondit Nicole. Et je puis te dire que tu arrives à point nommé parce que j'insinue que si tu ne venais pas, ma sœur irait aux urgences d'ici peu de temps pour crise cardiaque.

- Ce n'est pas vrai ça Nicole, tu sais ta sœur est une femme très dure je t'assure.
- Bah cela veut dire que tu as bien de choses à connaitre d'elle mon cher !
- Je le consens en tout cas.
- D'accord je te souhaite la bienvenue dans notre petit village de Kenzou et plus particulièrement dans notre maison.
- Merci beaucoup Nicole, je suis très content d'être parmi vous, d'autant plus que ça fait longtemps que je planifie ce voyage, mais quelques péripéties m'ont souvent empêché de le faire plus tôt.
- Il vaut mieux tard que jamais comme on le dit.

Nicole se rendit à la cuisine en riant. Delphine se tenait devant moi en attendant l'opportunité de me chuchoter qu'elle avait fini de dresser le lit et que tout était bon dans la chambre. Lorsqu'elle le fit enfin, je lui remerciai puis lui donnai deux mille Francs pour qu'elle trouve un conducteur de moto qui l'amènerait chez elle. Cependant, elle me dit qu'elle pouvait prolonger la soirée avec nous et s'allonger sur un canapé du salon où elle passerait la nuit, parce qu'elle pensait que nous pourrions avoir besoin d'elle pour le reste du temps. Elle avait l'habitude de le faire, alors je lui remerciai une fois de plus.

René et moi allâmes dans ma chambre. Il me remplit d'éloges pour la qualité de son luxe. Il n'arrivait pas à comprendre comment j'avais pu acheter autant d'équipements en moins d'un an. Je lui avais pourtant dit que j'étais bien rémunérée et il savait que je n'avais pas de charges familiales qui pouvaient m'empêcher de me mettre à l'aise. Par contre, il m'était curieux de le voir dans cet embonpoint qu'il présentait, quoiqu'il fût fils unique d'un puissant huissier de justice. Il devait m'en fournir des explications, me dis-je.

Une fois cette phase passée, je lui apprêtai sa douche. A peine passâmes-nous une demi-heure d'intimité dans la chambre, j'entendis les voix de FADI et Frédy au salon. Ils rigolaient avec Nicole qui cria mon nom :

- Ma sœur Paule, viens voir ! Nous avons de la visite et la soirée pourra être longue avec l'arrivée de ton René.
- N'est-ce pas la voix de ma mère que j'entends par là ? Demandai-je.
- Viens vite ici avec mon beau-fils ! Répondit FADI.

Je tins René qui finissait de se parfumer par la main, puis nous sortîmes tous en culottes et tricots. Je ne pris encore aucune peine de passer aux présentations car René embrassait déjà tour à tour les nouveaux entrants qui lui souhaitaient la bienvenue. Nicole sortit de la cuisine avec l'énorme met de pistache posé sur un plateau en inox. Puis, elle posa une bouteille de whisky et du vin rouge sur la table. Frédy avait apporté de la viande braisée toute chaude et enroulée dans du papier ciment bien disséqué du piment et des oignons. Le tout fut étalé sur un autre plateau qu'apportait Delphine qui jouait l'estafette. FADI ne manqua pas de nous en vouloir de ne lui avoir pas tenu informée de l'incident qui s'était produit avec monsieur BARIKOU et l'arrivée de René. Elle consola quand-même Nicole et nous encouragea à considérer cela comme faisant partie de notre travail d'humanitaire, même si des sanctions sont prévues en cas de débordement avéré.

Puis, comme d'habitude, elle nous exhorta à nous responsabiliser car pour elle, nous devions vite mettre à profit les opportunités qui se présentaient à nous tant que « nos étoiles brillaient ». Dans ce sens, elle présenta les avertissements à René en lui disant de me prendre au sérieux, moi son « trésor », comme elle aimait bien m'appeler. Elle nous raconta quelques erreurs qu'elle avait commises dans sa tendre jeunesse, lorsque sa seule beauté lui faisait croire que le monde lui appartenait. « Heureusement que le Bon Dieu a finit par m'envoyer un homme aussi doux et aussi flegmatique qu'un agneau », conclut-elle. C'est à vingt trois heures trente minutes qu'elle mit fin à la partie et nous nous séparâmes par les souhaits de bonne nuit.

Le lendemain matin, René se mit à déballer tout ce qu'il m'avait gardé comme provisions de ses sacs obèses: cinq paires de chaussures dont deux paires de tennis et trois paires de chaussures dame, quatre paires de sandales, trois paires de babouches, sept robes, dix t-shirts, quatre jupes, dix ensembles slips-soutiens gorges, plusieurs bijoux, trois écharpes, trois bonnets, cinq pantalons, deux greffes naturelles, deux bouteilles de parfums dont Dolce et Gabbana pour les sorties et Hermès pour les simples jours, des boissons et je ne cite même pas tout! Alors je lui posai la question de savoir où avait-il prit l'argent avec lequel il avait pu me pourvoir toute cette fortune. Il me répondit :

- Vas d'abord au travail mon amour. A ton retour, je te le dirai...
- Tu ne me diras pas quand-même que tes parents te donnent autant d'argent alors qu'ils continuent à payer tes études !
- Ne t'ai-je pas dis qu'à ton retour je te dirai l'origine de mes moyens financiers chérie ?
- D'accord mon cœur. Tu sais, les mots me manquent pour te remercier, mais en même temps, je suis inquiète.

René ne parla plus et je retrouvai Nicole et Delphine qui avaient commencé à prendre le petit déjeuner. Nous le primes ensemble et René fut appelé par Nicole pour nous retrouver. La suite fut conviviale. J'avais l'impression de vivre une autre vie, cette vie que, quelques mois plus tôt était l'apanage des autres, lorsque je m'assimilais à une armoire. Et si vraiment mon cher René venait à me dire qu'il avait également trouvé un emploi, je serais davantage convaincue que Dieu avait décidé de me prouver toute sa magnanimité. Qu'aurais-je encore à Lui demander si ce n'était la vie et la santé ? Hé bien, la vie, la santé mais aussi... le mariage et tout ce qui va avec. Car décidément, il ne se faisait plus assez tôt pour en parler. De plus en plus, mon entourage évoquait ce sujet et attirait mon attention tout en me prodiguant des conseils. FADI et les autres collègues n'en faisaient point l'économie de quelques mots. Bah il ne manque jamais de défit à relever dans vie. Décidément. C'est vrai qu'on n'est jamais assez accompli pour vivre l'ataraxie sur terre.

Et mon cher René, puisque je n'avais que lui, serait-il aussi sérieux pour m'épargner de toute tribulation ? Lui qui avait déjà l'apparence de jeune fonctionnaire ; beau, aisé, bonne mine, de bonne famille et tout et tout. Echapperait-il aux assauts des belles filles nombreuses telles des fourmis sur une noix de palmiste, autour des garçons ayant trouvé un cadre stable? Serait-il aussi vagabond que mon grand-frère Roger et mes jeunes oncles fonctionnaires ? Bon Dieu, que me soient éloignés ces maux de tête causés par un homme potentiellement infidèle. Nicole me disait toujours qu'après sa dernière rupture avec un jeune ingénieur, elle pouvait démonter qu'il n'y pas d'homme qui soit fidèle sur cette terre des vivants. Mais je demande toujours pourquoi sont-ils obligés de l'être ces méchants ! J'en parlerais avec ma mère, me dis-je.

La journée de travail fut longue. Très longue. Il me fallut supporter le fait que tout notre petit groupe de travail sache que mon amant était venu me visiter pour la première fois depuis cinq mois environ, que tout le monde me taquine en disant que j'avais passé la nuit « en charge » et que je leur donne des provisions. Heureusement, Nicole n'avait pas omis d'apporter une bonne partie des croissants et des pots de yaourt que René avait achetés. C'est elle qui s'occupait de la distribution à la pause de midi. Bien que les gens fussent habitués à me complimenter pour la qualité de mes vêtements, je devais encore supporter le fait qu'ils fussent frappés par mon parfum Hermès et ma jolie paire de tennis dont l'éclat ne faisait aucun doute qu'elle était flambante neuve. Aussi, je me sentais particulièrement fraiche ce matin et je me disais que cela influençait sur mon attitude. De toutes les façons, Frédy et FADI étaient là pour nous recadrer sur l'essentiel.

Dans ses obsessions de psychologue, Frédy avait une connotation différente de toute chose. C'était un vendredi, donc nous devions préparer les synthèses hebdomadaires de travail puis faire les préparatifs pour recevoir une inspection venant de Yaoundé la semaine suivante et, enfin, nous préparer à nous redéployer sur le terrain pour la distribution des denrées alimentaires aux réfugiés. Quelle abondance de travail ! Pour ne pas tomber dans l'embrouille et la frousse, Frédy organisa le travail. Il fallait commencer par la mise à jour des documents et la traçabilité des fichiers de suivi des personnes les plus vulnérables parmi les réfugiés et les déplacés internes. A cet effet, nous devrions partir des cas de santé physique en sollicitant les rapports du personnel de l'infirmerie, puis ceux que nous-mêmes dressions sur l'évolution de la santé mentale. Une fois ces fichiers mis à jour, nous devions à nouveau préparer la distribution des denrées alimentaires. De ce coté, il n'y avait pas grand-chose, et c'était beaucoup plus le domaine de Nicole la nutritionniste de qualification et son équipe. Il fallait juste actualiser les dates et inclure les ajouts possibles pour baisser le courroux de monsieur BARIKOU et les siens. Enfin, nous devrions terminer avec les synthèses hebdomadaires des activités. FADI nous en donna les grandes lignes afin que nous les rédigions chez nous pendant le weekend. Ce jour comme tous les jours d'intense travail, l'usage du téléphone était proscrit, ce qui m'empêcha de téléphoner mon René dont la présence ne m'épargna du moindre scrupule de la part de ma hiérarchie.

A seize heures précises, nous fermions les portes de nos bureaux. Le chauffeur nous déposa à la maison puis continua sa route. René regardait un film d'enquêtes à la télévision. Delphine était à la cuisine et le parfum du rôti de poulet nous caressait les narines. J'embrassai mon charmant amant qui me porta jusque dans la chambre. Il m'aida à dénouer les lacets de mes chaussures, puis nous nous allongeâmes sur le lit pendant une dizaine de minutes avant que je ne lui posai la question qui me brulait le cerveau :

- Alors chéri, veux-tu me dire maintenant ce que tu fais pour avoir de l'argent ?

-Beuh ma chérie, répondit-il, j'ai pensé venir ici depuis longtemps, mais comme je travaille dans le cabinet de Maître Sosthène BATOUM qui est un célèbre avocat au barreau de ce pays, je n'avais pas trouvé du temps libre. Cela fait trois mois que j'y suis et je puis te rassurer que le travail nourrit l'homme, d'autant plus que je suis son bras droit.

-Waouh ! Criai-je. Toutes mes félicitations mon amour ! Je rends grâce à Dieu et, même si je me demande pourquoi tu ne me l'avais pas dit plus tôt, je puis te jurer que cela me ravit vraiment. Et dis moi, que fais-tu de ton Doctorat en Droit ?

-Hé bien, je le poursuivrai plus tard mon amour ! Pour le moment, j'aimerais d'abord intégrer le monde professionnel car vois-tu chérie, nous grandissons et il est important de se sentir financièrement indépendant et de se faire un profil professionnel. Qu'en penses-tu ?

-Je suis d'accord avec toi chéri mais n'oublie pas que tu as toujours rêvé obtenir ton Doctorat.

-Je te promets que je l'obtiendrai mon amour et je n'attends que voir si l'intensité du travail me permettrait de m'y inscrire l'an prochain.

-Je le souhaite vivement.

-Pour le moment, j'aimerais savourer le bonheur d'être avec toi car pas plus tard que demain soir, je prendrai le bus pour retourner sur Yaoundé afin d'y arriver dimanche matin et d'avoir le temps de me reposer puis me préparer pour le travail lundi, un lundi que Maître BATOUM m'annonçait surchargé tout à l'heure au téléphone.

-Ouf ! Que ton séjour sera court !

Ayant suivi cette déclaration de René, je passai la soirée dans la confusion et m'arrangeai à ce que nous eussions plus de temps d'intimité plutôt qu'à faire du buzz au salon. Nicole l'avait bien compris, alors elle ne m'appela que pour me demander de lui fournir quelques données qu'elle utilisait pour la rédaction des synthèses hebdomadaires.

………

Le lendemain dans l'avant midi, nous entreprîmes de nous balader avec Nicole dans la petite ville de Kenzou. Il n'y avait cependant rien de particulièrement attrayant, hormis l'impressionnant camp de réfugiés que nous n'avions aucun intérêt à visiter ce jour. René n'avait pas envie d'y aller, vu son esprit trop sensible, encore moins Nicole et moi. Inévitablement, nous nous dirigeâmes vers ce qu'on pouvait appeler le snack bar du coin. Nous appelâmes FADI et Frédy ; l'une nous fit savoir qu'il était mieux pour moi de savourer ces moments rares en intimité et l'autre aborda mon appel avec un tas de choses liées au travail, au point où je ne pu avoir le courage de lui parler de bières car cela était absolument opposé à ses préoccupations. Il ne changeait, pas celui-là.

Alors nous nous installâmes dans un lieu dont la discrétion était assurée par des rideaux non transparents. On dit souvent que le travail ne finit pas mais c'est l'homme qui finit. René était conscient qu'il était entouré de deux jeunes femmes qu'il devait entretenir sur une table de détente. Il sortit donc de petit son mutisme habituel et trouva à chaque fois des sujets pour animer la galerie. Il nous rassura tout de même que nous pouvions boire à notre santé et fit jaillir de son petit sac en bandoulière un billet de dix mille francs qui pouvait suffire pour toute notre commande. Puis, il enchaîna les sujets, les uns après les autres dans un vagabondage verbal qui ne nous fit aucune gêne. Il faisait beau temps. La vie revêtait l'idylle le plus total. Les chansons d'amour les plus insipides me dégageaient une si grande profondeur. Les comédies amoureuses de René, même les plus invraisemblables resplendissaient de vérité. Je découvrais l'aspect merveilleux du monde dont la brouille des frustrations liées au manque d'emploi me cachait sans doute et j'étais convaincue que mon euphorie n'aurait de cesse que si mon René se laisserait entrainer par l'infidélité réputée des hommes.

Un court moment s'écoula sans échange, puis Nicole prit la parole :

- Je remarque que vous semblez faire une vieille histoire d'amour mon cher René ; mais dites- moi pourquoi ne portez-vous pas de bagues de fiançailles.

- Ah bon ! C'est une très bonne remarque chère Nicole. Seulement, il vaut mieux pour toi de poser cette question à ta sœur Paule.

- Ok ma sœur, peux-tu me dire pourquoi ne portez-vous pas de bagues de fiançailles ?

- Beuh je ne sais pas, répondis-je. En effet, j'ai voulu te dire de poser la question à René mais il m'a juste devancé en m'accusant le premier.

- Vous êtes en train de vous moquer de moi voyons !

René et moi nous regardâmes dans les yeux puis regardâmes Nicole en lui faisant un sourire de cancres. Tout à coup, René fit comme saisit par une inspiration spontanée qui pouvait lui permettre de répondre à la question de Nicole. Il appela plutôt le servant du snack bar et lui dit :

- S'il te plait mon ami, peut-on commander une chanson spéciale ?

- Oui monsieur, à condition que nous puissions l'avoir dans nos compilations musicales. Répondit le servant.

-Hé bien je te prie de nous faire écouter la chanson « coucou » de Charlotte DIPANDA[17].

-Ça tombe bien monsieur car nous l'avons bel et bien.

- Alors fais-nous plaisir s'il te plait.

- D'accord monsieur, je' vous en prie.

Nous écoutions la chanson de la célèbre artiste camerounaise qui chante en majeure partie en langue Douala. Nicole TSAFACK, la fille Dschang de l'Ouest, René BOBIONO, le garçon Bafia du Centre et moi-même Paule Milène ZOE ONGUENE, la fille cent pour cent Bulu de Nkolmeyong au Sud-Cameroun mimions mot à mot cette chanson comme si nous étions en studio au moment de sa production. René était entre Nicole et moi. Il saisit ma main gauche d'une main et ma tête de l'autre puis la déposa sur son épaule droite. Nicole nous observait en souriant. Elle avait son esprit libre comme d'habitude et ne manifestait ni jalousie, ni complexe. Elle ne se lamentait pas non plus mais se contentait de nous voir heureux. Je regardais le ciel, et je voyais la paille qui était au dessus de nous pour amortir la chaleur. L'alcool, la musique et surtout l'amour m'enivraient d'extase. René lâcha ma main, continua à m'appuyer sur son épaule, se rabaissa un peu comme pour frapper un moustique au pied, se releva légèrement, mit la main dans son sac en bandoulière et se rabaissa encore. La chanson tirait vers sa fin, nous entrecoupions notre mimétisme en cœur de temps en temps par une gorgée de bière qui intensifiait davantage le moment. Puis, la chanson prit fin et nous applaudîmes tous. Ensuite, Nicole me posa brusquement une question :

-Alors Paule ma sœur, veux-tu épouser René ?

Ils me regardaient tous, on dirait que j'étais ASAMOAH Gyan lorsqu'il devait tirer le pénalty qui qualifierait l'Afrique en demi-finale de coupe du monde de football pour la première fois de l'histoire. J'étais abasourdie et ne croyais pas mes yeux lorsque Nicole me présenta une boîte rouge-foncé contenant une scintillante alliance en or. Mon cœur battait la chamade et la chair de poule m'envahissait la peau car je ne pouvais pas m'attendre à une telle surprise. Pourquoi René me brusquait-il de cette manière, alors même qu'avant son arrivée à Kenzou, nous ne nous parlions pas?! Quand et comment Nicole était entrée dans ce fameux plan pour demander ma main?! J'étais raide d'émotion au point où je n'avais pas vu René descendre à genoux à coté de moi. Le temps s'écoulait et personne n'osait parler. Le calme qui prévalait faisait confondre le passage d'une mouche à celui d'un Boeing. Nicole me caressa l'épaule et la tête pour m'encourager. René me regardait droit dans les yeux, on dirait une vielle croyante de l'église Catholique devant la statue de Marie. Je me sentis plutôt ridicule dans un premier temps, car je n'avais pas réussi à deviner ce qui se préparait depuis notre sortie de la maison, surtout que ma meilleure amie se soit montrée si astucieuse par rapport à moi. Puis, comme portée par une énergie miraculeuse, je sursautai dans un second temps en répondant par un grand « ouiiii !!! ». Le servant du snack bar surgit en courant et nous trouva en liesse. René se leva et me porta comme un bébé. Le servant rentra en faisant un grand rire et remit la chanson « coucou ». Nous bûmes notre troisième tour de bière avant de rentrer à la maison avec un paquet de viande braisée. J'aurais voulu faire le tour du Cameroun en présentant ma bague au public tel que le fit Françoise MBANGO avec sa médaille olympique.

Chapitre 8 : La disparition de Delphine Zouga, la ménagère.

Habituellement, Delphine voyageait le samedi soir pour aller visiter sa grand-mère au village. Elle ne revenait que le lundi matin et parfois nous lui permettions de recommencer le travail le mardi. Elle était donc partie. René était aussi rentré à Yaoundé comme prévu, me laissant dans une mélancolie face à laquelle seule ma brillante bague de fiançailles me consolait. Jamais je n'avais éprouvé autant d'ennuis pour rédiger mes rapports hebdomadaires. A des moments, Nicole venait me réveiller sur le canapé du salon où je somnolais devant mon ordinateur. Lorsqu'elle se retrouvait au village, Delphine n'était plus joignable. Le plus souvent, elle se déportait à un endroit où elle pouvait nous appeler pour nous faire savoir qu'elle éprouvait une difficulté qui l'empêcherait de venir au travail le lundi matin.

Mais ce lundi-là, elle n'appelait pas et elle n'était pas joignable non plus. Nous commencions à nous inquiéter, car nous ne la connaissions pas indisciplinée, notre petite Delphine. Le temps était lourd, autant pour moi que pour Nicole. Du coup, il n'y avait plus quelqu'un pour donner du moral à l'autre. C'était pénible. Cependant, si nous éprouvions autant de peine à vivre sans Delphine, ce n'était pas que l'esclave était devenue maîtresse, car nous savions bien nous battre pour faire nos petits travaux quotidiens. Mais c'était que notre travail était envahissant, nous gagnions suffisamment d'argent pour payer une ménagère et surtout parce que le cas social de Delphine ZOUGA suscitait pour nous plus d'humanisme. Au travail, FADI nous disait toujours de ne pas être de simples employés des organismes humanitaires, mais plutôt des humanitaires de cœur regroupés en organismes. Alors Delphine ZOUGA était notre défit à nous et nous nous étions promis de la renvoyer à l'école l'année suivante.

Mardi soir, Delphine ne revenait pas et ne nous appelait pas. Nicole et moi connaissions sa petite chambre, alors nous nous y rendîmes en compagnie du chauffeur. Tout était fermé et ses voisins disaient qu'elle n'était pas revenue du weekend. Nicole posa la question à une jeune fille à savoir si quelqu'un pouvait connaître son village dans la cité. Une autre fillette alla appeler un voisin qu'elle disait être un taximan. Lorsqu'ils revinrent, nous reconnaissâmes le jeune homme qui transportait régulièrement Delphine à la maison et qui la transportait également pour le village. Nous lisions « Bertrand » sur la plaque arrière de sa moto et déduisions que cela était son prénom.

- Bonsoir Bertrand, dit Nicole. Où as-tu laissé Delphine ?
- Bonsoir mesdames, je ne sais pas pourquoi elle ne m'appelle pas depuis hier comme d'habitude. Jusque-là je suis à l'attente de son appel. J'ai d'ailleurs tenté de la joindre mais son numéro est indisponible en ce moment.
- Que peut lui être arrivé d'après toi, demandai-je.
- Je ne peux rien vous dire madame, mais je pense qu'elle se signalerait d'ici peu de temps. Vous savez qu'elle est très attachée à sa grand-mère.
- De toutes les façons, si demain elle ne fait pas signe de vie, nous irions signaler à la Gendarmerie.
- D'accord madame mais je pense qu'il n'y a rien de grave.
- Nous l'espérons bien mon cher. Merci et à bientôt Bertrand.

Nicole le disait en lui serrant la main pendant que le chauffeur et moi remercions les autres voisins.

Une fois dans le véhicule, le chauffeur nous proposa de donner de l'argent à Bertrand pour qu'il se rende au village de Delphine le lendemain matin. Nous trouvâmes l'idée bonne et je redescendis puis rappelai Bertrand qui n'était pas encore retourné dans sa chambre pour lui donner les deux mille francs que Delphine lui payait habituellement pour son transport aller et retour. Il me rassura qu'il s'en irait dès l'apparition des premières lueurs solaires. Nous nous échangeâmes les numéros de téléphones afin de communiquer à tout moment.

Une fois à la maison, Nicole appela FADI et Frédy pour leur rendre compte de la situation de Delphine. J'appelai René, ma mère et même quelques personnes desquelles je n'attendais vraiment rien pour trouver une solution à ce qui nous mettait dans la tourmente. René nous appela au calme alors que maman nous recommandait la prière. Nicole défit hâtivement son foulard, enleva brutalement ses bijoux et les jeta sur la table, toute nerveuse. Elle essaya une fois de plus de joindre Delphine, mais n'y arriva pas. Je vis une coulée de larmes se déchainer de ses yeux rougis et j'allai la prendre dans mes bras puis la serai fort contre moi. Elle me demanda de lui passer le numéro de Bertrand et l'appela pour se rassurer que ce numéro était le bon et pour lui rappeler d'aller effectivement le plus tôt possible au village. Celui-ci rassura qu'il le ferait et que ça y était de son propre intérêt.

Nous restâmes au salon, sans allumer la télévision et l'appareil musical. Nicole était abattue, un peu plus que moi et je découvris son extrémisme émotionnel, car je remarquais qu'elle avait autant de facilité pour rire que pour pleurer. A cause de cela, je ne pouvais pas la laisser dormir toute seule cette nuit. Alors nous somnolions au salon, pourtant nos lits étaient vides et surtout que le parfum de René n'avait pas encore complètement disparu dans ma chambre. C'était si ennuyeux pour moi de passer aussi vite d'une situation d'intense joie à une brusque et profonde tristesse. Mais malheureusement, je n'avais pas le choix. Delphine était déjà beaucoup trop importante pour que je reste indifférente à sa cause, sous prétexte que je devais sauvegarder la bonne humeur laissée par mon désormais fiancé. Nous passâmes la nuit sur les canapés du salon et ce n'est que lorsque le réveil sonna à cinq heures du matin que nous nous en rendîmes compte.

Nous étions le mercredi, onze août deux mille quinze. Le brouillard étouffait le soleil dans ses ardeurs. Il faisait froid. De part et d'autre, des moutons bêlaient en cris de détresse, malheureux de constater que les enclos leur étaient encore fermés alors que le jour paraissait, puis effrayés par la confusion que suscitait ce brouillard. Une onde négative planait dans l'air. Kenzou était bizarrement timide et la vie était étonnamment morose. J'avais assez de voir des vieillards allongés sur du sable étalé devant leurs cases, regardant sans explication les feuilles des arbres qui bougeaient par l'effet du vent, un vent qui devenait subitement une affreuse tempête de sable causée par l'harmattan chaud venant du nord. Dans tout cela, j'étais comme une boule de neige au sommet d'un volcan de misère. J'étais lasse de voir une bande d'enfants, marchant avec des assiettes, expliquant qu'ils subissaient l'Allahru[18]imposé par leurs parents qui les mettaient à la disposition d'un certain guide spirituel qui, finalement, se servait d'eux pour quémander des miettes au prix d'un ridicule qu'une quelconque reconversion à la vie normale effacerait les séquelles. L'absence de Delphine ZOUGA me permettait de constater l'horreur qui entourait ma petite prestigieuse vie d'humanitaire arriviste à laquelle je tentais de me réjouir, banalisant les défis réels que j'étais appelée à relever et auxquels mes camarades de lycée et de faculté restaient pour la plupart enclins à faire face. Ceux-là étaient les vrais humanitaires. Alors, j'essayais de comprendre pourquoi eux, ils continuaient à vivre dans une situation relativement différente. Nous connaissions pourtant tous les mêmes portes des administrations de Yaoundé ; et tout le monde sait que si les faveurs contextuelles ne permettaient pas à ce que chacun eut gouté le miel, il suffisait seulement de les frapper en se conformant à certaines règles pour trouver une place sous le soleil. C'est d'ailleurs ce à quoi pensait ma mère lorsque je subissais la tourmente de la recherche de l'emploi. Mais pourquoi hésitaient-ils de le faire, mes camarades, si tant est vrai qu'ils n'auraient pas eu la même chance que moi ?! Duquel coté se trouve réellement la raison ? Des fois, je voyais une personne vraisemblablement démunie, mais d'un amour propre sans pareil, n'admettant pas un seul instant qu'il pourrait avoir plus noble Homme au monde que lui, alors que des personnes apparemment riches se plaignaient nuit et jour parce que la vie leur coutait les yeux de la tête. C'était le cas de mon père, qui rentrait souvent du travail en parlant seul à cause des soucis; pourtant, il était au sommet de la pyramide pour ce qui est des grades dans la fonction publique de notre pays. Pourquoi des milliardaires se retrouvent-ils encore en prison dans notre pays pour un détournement de fonds commis après qu'ils eussent fêté leur dixième milliard, alors même qu'ils connaissaient combien de leurs copains se trouvaient déjà à la prison centrale de Yaoundé ?! Des personnes vraisemblablement démunies ou de celles apparemment riches, du quel coté se trouve réellement la raison ? Du quel ?! J'étais appelée à revoir mes notions des préceptes de grandeur humaine dont nous parlait un professeur en troisième année de faculté.

A six heures, Nicole me rejoignit dans ma chambre pendant que j'apprêtais mes documents pour le travail. Elle voulait qu'on appelle Bertrand ensemble. Elle composa le numéro de téléphone et conversa avec lui. En effet, Bertrand disait être sur le point de partir au village de Delphine, mais il attendait que le jour fût complètement levé car le brouillard empêchait la sortie des rayons solaires. En plus, il argumentait que dans la nuit, les coupeurs de route extorquaient les passants et parfois, ils procédaient aux enlèvements des personnes pour demander des rançons. Lorsqu'ils n'enlevaient pas ces personnes qui étaient le plus souvent des hommes d'affaires, des hauts cadres d'administration, des humanitaires, ou des religieux, ils kidnappaient des jeunes filles pour les violer ou les enrôler. Lorsqu'il parla de jeunes filles, Nicole éclata en sanglot et moi aussi je ne pu me retenir. Je serrai ma collègue et meilleure amie contre moi, comme si nous étions nouées par une corde.

A sept heures, vingt minutes, le chauffeur klaxonnait au portail. Nous nous empressâmes à sortir. Arrivées au bureau, FADI nous salua avec sa convivialité habituelle, mais ne tarda pas de faire une remarque :

- Je vous trouve toutes drôlement tristes. Votre ménagère n'est-elle toujours pas revenue ?

- Non FADI, répondis-je.

- Nous avons contacté son transporteur ce matin et il est en route pour le village à sa recherche. Ajouta Nicole.

- C'est inquiétant qu'elle ne fasse pas signe de vie, dit FADI. Espérons qu'elle ne soit pas entre les mains des coupeurs de route, car la route de son village est un fief réputé de ces gens sans foi, ni loi.

Nicole et moi nous regardâmes sans parler. Je lisais une brusque montée d'angoisse dans ses yeux.

- De toutes les façons, nous attendons l'appel du taximan, intervint Frédy pour apaiser nos esprits dont il constatait le trouble. Cependant, continua t-il, nous avons une réunion de crise ce matin avec notre hiérarchie dont deux membres viendraient de Yaoundé en vue trouver un terrain d'entente avec les chefs de quartiers et les représentants des réfugiés sur les modalités de distribution des denrées alimentaires, afin d'éviter la survenance de quelque incident de plus. Figurez-vous que quelque soit le cas, le Haut Commissariat des Nations Unies n'est pas ici pour créer des incidents avec les personnes qu'il prend l'engagement de venir en aide, mais de les réparer, au contraire ! Pour cela, nos interventions seront requises dans le cadre de cette réunion. Nous n'aurons pas d'excuse si nous nous avérons impertinents mesdemoiselles. Le monitoring des personnes vulnérables est une cellule capitale pour notre boîte. Alors la réunion débutera à dix heures précises et, bien évidemment, le Quartier Général devrait prendre connaissance des résolutions y relatives au plus tard à quatorze heures par voix de mails, naturellement. Je vous souhaite une bonne journée !

-Bonne journée monsieur, répondîmes-nous, pendant que notre coordonateur allait ouvrir la porte de son bureau. Sa posture nous obligeait bien évidemment à faire le distinguo entre Le Frédy de quelques amitiés et monsieur le coordonateur.

....

Dans la salle de réunion, je reconnus madame Laure YAKO, la Sous-directrice à la promotion de la santé mentale qui nous avait entretenu après avoir été introduite par monsieur le Directeur National des Ressources Humaines le jour de notre briefing initial. Je pensai plus à me rapprocher d'elle pour lui parler de la disparition de Delphine que des crises hystériques des réfugiés. Après, je me rendis compte que Delphine ZOUGA ne devait pas encore être considérée comme avoir disparu, alors que nous attendions l'appel de Bertrand le taximan.

Madame FADIMATOU MIRA et monsieur Frédy MBOUDOU, nos coordonateurs locaux avaient fourni à la hiérarchie tous les éléments nécessaires pour exposer les faits relatifs aux comportements des personnes vulnérables faisant l'objet de la réunion, des activités que nous menions au quotidien, des difficultés auxquelles nous faisions face et des aménagements que nous souhaitions pour la bonne marche de notre service. Je m'étais particulièrement réjouie lorsque Frédy mentionnait que « les cas les plus sérieux de vulnérabilité ne sont pas seulement présents à l'intérieur du camp des réfugiés, mais on en trouve également à l'extérieur, parmi les déplacés qui sont nombreux dans la localité de Kenzou. Ces personnes sont notamment exposées aux viols et abus sexuels pour ce qui est des femmes et la précarité de la vie pour tous. Nous avons à propos l'inquiétude de ce que la nommée Delphine ZOUGA, ménagère de nos collaboratrices Paule Milène ZOE ONGUENE et Nicole TSAFACK qui s'est déplacée depuis le samedi dernier mais qui jusque-là ne revient pas conformément aux clauses de son travail et à ses habitudes ne soit en danger. »

C'était son mot de fin et tout de suite s'en suivirent des applaudissements. Des notes étaient prises çà et là par l'auditoire, mais comme cela n'était pas le sujet principal du jour, madame Laure YAKO et les autres se promirent de ne ménager aucun effort pour que cette histoire se termine sous de bonnes auspices au cas où il n'y aurait pas d'issue heureuse dans de brefs délais. Ils nous promirent également tout le soutien du Haut Commissariat des Nations Unies pour les Réfugiés, au cas où nous serions impliquées dans un contentieux judiciaire. Seulement, ce qui nous inquiétait n'était pas vraiment un certain contentieux judiciaire, mais que notre petite Delphine ne fut pas en danger.

La fin de la réunion prenait les allures de retrouvailles festives entre les anciens employés du Quartier Général à Yaoundé qui étaient à Kenzou à titre d'affectation et ceux qui y étaient encore. Madame Laure YAKO était venue m'embrasser en me rassurant que les rapports qui lui parvenaient de la part de ma hiérarchie sur mon comportement et la qualité de mon travail étaient bons. Elle me souhaita beaucoup de chance pour tout et m'exhorta de perpétuer dans le même sens. FADY se trouvait à ses cotés en me faisant un clin d'œil sympathique auquel j'étais dans l'obligation de réagir.

A treize heures, nous regardâmes nos téléphones qui étaient au silencieux depuis le début de la réunion. Bertrand avait tenté plusieurs fois de nous joindre. Tout de suite, nous le rappelâmes... Delphine n'était pas dans son village. Sa grand-mère affirmait qu'elle l'avait quittée le lundi matin à cinq heures parce qu'elle voulait arriver au travail à l'heure. Ainsi, elle avait commencé à marcher très tôt, dans l'espoir qu'une moto la transporterait ou qu'elle arriverait à l'endroit où elle avait l'habitude d'appeler Bertrand au téléphone. Toutefois, elle mentionnait que la batterie de ce téléphone s'était presque vidée de charge et il n'y avait pas moyen d'en trouver solution au village. « Delphine serait kidnappée, mesdames. » Conclut le taximan.

Nicole et moi éclatâmes toutes en sanglot malgré les regards des gendarmes se trouvant autour de la salle de réunion. De loin, les réfugiés qui déambulaient dans la cours s'arrêtaient, l'air pantois, pour nous regarder, mais nous ne pouvions arrêter de pleurer. Nicole, toute abattue s'était accroupie pendant que je la tenais sur les épaules. Nous ayant aperçues, Frédy se rapprocha de nous, nous laissa évacuer notre flux d'émotion avant de m'appeler :

- Paule, vous devez vous calmer et me dire ce qui se passe, s'il vous plait. N'oubliez pas que nous sortons d'une réunion où nous recevions d'importantes personnalités.

- Delphine ZOUGA, notre ménagère est introuvable Frédy. Elle aurait été kidnappée, vois-tu ? Intervint Nicole, inconsolable.

- Alors écoutez-moi bien. Plutôt que de continuer à pleurer, nous devons savoir ce qu'il y a lieu de faire okay ?

- D'accord, dis-je. Qu'y a-t-il lieu de faire à notre niveau ?

- Je pense qu'il faut d'abord aller dénoncer cela auprès des forces de l'ordre, puisque nous sommes dans un Etat de droit. Une fois que cela sera fait, nous pourrons avec elles, examiner les potentielles raisons pour lesquelles ZOUGA aurait été kidnappée. Ceci nous permettrait de savoir comment entreprendre une éventuelle démarche de sa délivrance.

- Mais pourquoi la kidnapperaient-ils, pourquoi ?! Demanda Nicole, furieuse.

- Ecoutez, dit Frédy ; de façon générale, il y a un tas de raisons qui peuvent expliquer un acte comme celui-là. Ça peut partir d'un certain fanatisme religieux comme ça a pu être le cas avec l'enlèvement du Père Georges Vandenbeusch[19] dans la localité de Nguechewé. Il peut également s'agir d'un crime financier ou d'une simple activité criminelle aboutissant à une extorsion d'argent. Parfois, c'est une maladie mentale. Il existe vraiment pleines de raisons, mais celles qui font le plus souvent les titres des journaux sont des motivations politiques et religieuses, tout simplement et malheureusement parce qu'elles intéressent les gens. Viennent ensuite les kidnappings par une personne déséquilibrée et parfois un mariage qui tourne au vinaigre ou un employé un peu trop énervé envers son patron. N'oublions surtout pas que les kidnappings sont une importante source de revenus pour certaines organisations. Donc, quand on les étudie un peu en profondeur, on se rend compte que c'est soit une histoire d'argent ou de propagande.

Pour revenir sur le cas de notre petite Delphine, elle pourrait être kidnappée en raison de ses affinités avec vous ou alors tout le HCR. Car les commanditaires se diraient que par elle, ils peuvent nous chanter. Or tout le monde sait la considération peu fameuse que les patrons accordent aux ménagères dans notre société. Il serait donc très surprenant que des gens puissent kidnapper une pauvre bonne dans le but d'extorquer de l'argent à deux jeunes filles, à moins qu'ils aient eu des renseignements comme quoi vous lui accordez beaucoup de considération. Vous feriez donc mieux de ne pas exposer combien de fois vous êtes touchées par sa disparition car cela ne ferait que les inspirer à la garder davantage. D'un autre point de vue, un tel acte pourrait s'expliquer par un fait simple : l'enrôlement pour la préparer à la fonction de kamikaze. C'est ce qui se passe à l'extrême-nord du pays par les membres de la secte Boko Haram[20] à titre d'illustration. Enfin, les cas de kidnapping de jeunes filles spécifiquement s'expliquent parfois par des mobiles sexuels. C'est ce qui me passe d'ailleurs beaucoup plus en tête. N'oublions pas que Delphine ZOUGA est une jeune jolie fille à fleur de l'âge. Les malfaiteurs de la catégorie des coupeurs de route qui font des ravages dans notre zone sont le plus souvent des gens que la vie normale semble difficile et qui veulent se faire des sous tout facilement sous l'effet de la drogue. Avec cet excitant, ils trouvent l'extase dans l'activité sexuelle avec des jeunes filles comme Delphine qu'ils pourraient violer en bande. Ce serait regrettable. Vraiment. Bien, pour ne pas perdre du temps, allons voir la hiérarchie encore présente dans la salle de réunion pour solliciter d'elle une permission afin d'aller au Commissariat de Sécurité Publique ou à la Brigade de Gendarmerie.

Nicole s'était levée et nous avons essuyé nos larmes en écoutant la pernicieuse analyse de Frédy, le psychologue. C'était difficile d'admettre tout ce qu'il nous disait, mais nous réalisions qu'il n'était que pertinent, comme d'habitude. Je me posai seulement la question de savoir pourquoi Frédy jouait d'abord au Fernand de Magellan avant de nous confirmer que Delphine était entre les mains des badauds.

....

Jeudi soir, Delphine était toujours introuvable. On annonçait l'arrivée d'un corps d'élite de la Gendarmerie à Kenzou, pour intensifier ses recherches. Nous avons été auditionnées par les officiers de police judiciaire à plusieurs reprises. Bertrand n'en avait pas été épargné, mais ils nous disaient tous que nos déclarations leur rassuraient notre innocence. Au contraire, ils nous promettaient la garde de leurs éléments qui viendraient alors passer les nuits chez nous.

Vendredi matin, les éléments du corps d'élite de la Gendarmerie Nationale étaient à Kenzou. Je n'arrivais pas à les décrire, mais ils étaient extraordinaires. Le même soir, Delphine avait été retrouvée. Que miracle ! Ces éléments étaient sans doute la bête noire des coupeurs de route. Tout de suite, monsieur le Maire, madame le Délégué d'Arrondissement au Ministère de la Femme et de la Famille, les membres des forces de l'ordre, les leaders des organisations des déplacés et des jeunes de la place, les membres des organismes humanitaires au rang desquels l'UNHCR que représentait madame FADIMATOU MIRA et le Révérend Pasteur accompagnaient Delphine ZOUGA chez monsieur le Sous-préfet local. Les médias étaient présents pour assurer la couverture de cet événement qui faisait la une des informations depuis des jours.

Je ne sais cependant comment et par qui Delphine avait été délivrée des mains des malfaiteurs, où étaient-ils et qui étaient-ils en effet. Il y a des moments où l'on ne peut plus avoir la maîtrise des événements, même les plus vraisemblables. Jamais je n'aurais cru qu'il pourrait s'agir de la petite Delphine ZOUGA dans cette petite localité et que Nicole et moi venions en arrière plan. Ni FADI ; ni Frédy, personne ne nous faisait la moindre confidence au sujet de notre ménagère, alors que nous pensions que c'est de nous qu'ils s'informeraient. Mais quoi qu'on ait fait, Delphine reviendrait à nous, elle finirait par nous dire tout et nous poursuivrons notre ambition de faire d'elle une fille cultivée qui assurerait son avenir et le bien-être de sa famille.

Pendant que les pourparlers se poursuivaient de part et d'autre entre les autorités, Nicole et moi allâmes à la maison pour manger quelque chose. Il était seize heures et nous avions faim. Tout à coup, mon téléphone sonna ; c'est FADI qui m'appelait, enfin. Je sursautai et activai le haut parleur. Nicole se dépêcha de venir s'asseoir près de moi, l'oreille plus rapprochée du téléphone que la mienne. Nous étions appelées de toute urgence à assister aux assises devant aboutir aux mesures à prendre sur le cas Delphine ZOUGA au bureau de monsieur le Sous- préfet. Nous arrêtâmes immédiatement de manger et y allâmes en empruntant les premières motos qui se présentaient à nous.

Une fois arrivées, nous fûmes chaleureusement accueillies par toute l'assistance. Monsieur le Maire prit la parole et dit :

- Ah ce sont mes pauvres filles ?

- Oui monsieur le Maire, répondit FADI. Il s'agit des demoiselles Nicole TSAFACK et Paule Milène ZOE ONGUENE. Les deux sont des agents d'identification et monitrices des couches vulnérables au Haut Commissariat des Nations Unies pour les Réfugiés. Ce sont nos filles et leur bonne moralité fait quasiment l'unanimité.

Nous allâmes irrésistiblement embrasser Delphine qui nous appela tour à tour toute en larmes. Je la serrai davantage puis essuyai ses larmes. Ensuite, monsieur le Sous-préfet prit la parole :

- Bienvenue mesdemoiselles et merci d'avoir répondu promptement à notre invite. En effet, la situation qui fait l'objet de notre concertation ce soir ne vous surprend sans doute pas, quoique nous ayons évité de vous impliquer dans la succession des précédentes assises durant cette longue journée. L'une des raisons était de vous éviter des crises d'émotion à l'instar de celle qui semble vous animer actuellement. Néanmoins, vous avez été au cœur de nos préoccupations, d'autant plus que madame FADIMATOU MIRA n'a fait l'économie d'aucune parole pour exprimer la compassion qui doit vous être accordée au regard du malheureux événement relatif à votre ménagère, presque sœurette. J'imagine combien de fois vos nuits ont du être longues et insomniaques. De toutes les façons, nous ne pouvons plus revenir en arrière car les faits sont connus. Nous rendons grâce à Dieu pour le fait qu'elle soit revenue vivante. A présent, l'important c'est de prendre des dispositions afin que de telles situations ne surviennent plus, et que les mécanismes soient mis sur pied afin que les malfaiteurs finissent par payer le prix de leurs actes, conformément à la loi. En clair, les précédentes assises nous ont permis de prendre la résolution selon laquelle votre domicile sera dorénavant gardé par les membres du corps d'élite de la Gendarmerie Nationale nouvellement arrivés dans notre localité. Il reste à présent à savoir où habitera notre petite Delphine ZOUGA car à l'examen, nous réalisons que sa petite chambre est trop insécurisée pour qu'elle continue à y rester.

- Nous voulons rester avec elle ! Dis-je spontanément sans attendre que monsieur le Sous-préfet eut terminé son propos.
- Oui ! Oui ! C'est vrai monsieur, s'il vous plait ! Confirma Nicole.

Toute la salle se tut pendant une bonne minute. Les gens se regardaient sans pouvoir trouver de mot à dire. Tout à coup, FADI se mit à applaudir puis, tout le monde applaudit en poussant des cris de joie, comme mues par un soulagement collectif. Delphine sauta dans mes bras et avec Nicole, nous formâmes un tas. Cela excita les autorités davantage. Nous nous sentions si heureuses que nous nous sommes mises à câliner Delphine notre petite chérie à plusieurs reprises sur son front. Puis, monsieur le Maire conclut en promettant de ne ménager aucun effort pour nous accompagner dans l'entreprise de prise en charge de notre petite-sœur qui, après tout, disait-il, faisait partie de la jeunesse de sa localité et donc, continuerait à bénéficier de l'attention de la Commune Rurale de Kenzou, au même titre que tous les jeunes. Il offrit une somme de vingt mille francs à Delphine pour qu'elle aille acheter son petit nécessaire.

Chapitre9 : le calvaire de Delphine Zouga, la ménagère.

Nous revenions à la maison toutes joyeuses avec Delphine qui revenait d'un kidnapping de quasiment une semaine. Il n'y avait plus grand-chose à manger car depuis deux jours, nous mangions la même sauce tomate à la viande de bœuf que nous avions presque terminée à treize heures. Alors nous fîmes frire trois carpes parmi la réserve du congélateur et nous fîmes également cuire du plantain mur. Nous étions si heureuses que nous avons du oublier que nous devions poser quelques questions à Delphine au sujet de ce qui s'était réellement passé du lundi matin à ce vendredi soir.

Pendant que Nicole apprêtait la table, je fis un tour dans ma chambre pour y mettre un peu d'ordre et annoncer la bonne nouvelle à René et à mes parents. René insista sur la nécessité de poursuivre les malfaiteurs en justice. Il me pulvérisa une kyrielle de dispositions légales relatives aux séquestrations, viols et autres par mon téléphone. Mais cela ne m'intéressa pas beaucoup parce que pour moi, le combat était déjà gagné ; nous avons retrouvé Delphine et nous l'adoptions. Ma mère quant à elle me posa la question de savoir si elle allait à l'église, si oui, dans quelle congrégation religieuse. De même, elle me rappela d'insister sur son éducation de jeune fille notamment l'hygiène intime et environnementale et la cuisine. Mon père lui s'intéressa à l'école. Il demanda à ce que nous lui trouvions un enseignant de maison, un tableau et des fournitures scolaires pour une mise à niveau avant le début de la prochaine rentrée scolaire. Roger s'ajouta à eux en m'instruisant de d'aller immédiatement poser à Delphine les questions de savoir qui est-elle réellement, où sont ses parents et pourquoi ne parle t-elle que de sa grand-mère.

Nicole m'appela à table. Y étant, nous évitâmes de poser la moindre question à Delphine pour ne pas qu'elle perde l'appétit en se rappelant des frustrations qu'elle avait du subir. Je fis donc jouer l'appareil musical pour détendre l'atmosphère. Lorsque Delphine tardait de mettre la main sur son poisson, Nicole lui disait :

- Mange ma belle, tu sais la journée a été longue !

- D'accord tantine je mange et c'est très bon, répondit-elle.

- Alors bon appétit à vous mes chéries, ajouta Nicole.
- Merci, à toi autant ! Dis-je.

A près le repas, nous bûmes un verre de vin rouge mais Delphine ne le fit pas car elle disait ne pas le vouloir et c'était bien, d'autant que son âge ne lui permettait pas de gouter l'alcool.

Sous l'effet du vin, je ne pu me retenir :

- Alors ma chère Delphine, veux-tu nous dire ce qui s'est réellement passé durant tout ce temps où tu avais disparu ?

Elle resta muette, presque insensible, comme si elle n'entendait pas ma parole.

- Hé oui ! Tu dois nous parler petite-sœur. Insista Nicole.

- D'accord tantine je vais vous dire mais je ne sais vraiment pas par où commencer. Je suis si triste quand je pense à ça voyez-vous.

Je vins m'asseoir près d'elle, la serrai contre moi et lui dis :

Delphine, tu sais que nous sommes tes grandes sœurs et nous ne comptons plus nous séparer de toi. A cet effet, nous devons tout nous dire okay ?

- C'est vrai tantine mais...

Elle éclata en sanglot et nous reformâmes un tas compact avec elle puis je lui donnai un verre d'eau à boire.

- Tiens bois de l'eau, calme-toi et parle nous ma chère, dis je.

Elle but le verre d'eau à moitié et déposa le reste sur la table. Après s'être essuyée les larmes, elle s'affermit et commença à nous raconter son calvaire : « Je suis partie du village le lundi dernier à cinq heures du matin après avoir passé le weekend avec ma grand-mère comme prévu. Mon téléphone s'était éteint et je voulais rapidement arriver ici avant que vous ne fûtes parties au travail. J'espérais trouver une moto en route puisque je n'avais pas le moyen d'appeler Bertrand. Le brouillard était si épais que je n'arrivais pas à voir au-delà de dix mètres. Mais je n'avais pas peur car j'imaginais que rien ne pouvait m'arriver, étant donné que j'ai l'habitude de faire cette route dans de pareilles conditions et que toutes les personnes de la contrée sont mes frères et sœurs, y compris les coupeurs de route et les brigands. D'ailleurs, nous évitons de les dénoncer bien que sachant qu'ils ont pris la mauvaise voie dans la vie, car ce sont nos frères d'enfance et personne n'aimerait endosser la cause de leur malheur. Nous avons grandi ensemble, nous connaissons leurs familles et nous nous connaissons très bien. Ce sont des gens qui viennent de la brousse et passent des moments avec nous au village. Nous leur donnons à manger et des vêtements puis ils repartent.

Dans un petit bosquet, deux d'entre eux venaient subitement derrière moi et m'ont salué presque fraternellement. Je leur ai répondu de la même façon. Ensuite, ils m'ont demandé pourquoi je les abandonnais pour venir vivre ici à Kenzou. Je leur ai répondu que je venais ici pour chercher de quoi vivre pour ma grand-mère qui est déjà vielle et pour moi-même. Ils m'ont demandé pourquoi je ne pouvais pas les aider aussi. Je leur ai dit que je n'avais pas grand-chose, mais je pouvais leur donner les derniers mille francs qui me restaient pour pouvoir payer le transport. A ma grande surprise, leurs questions ne servaient qu'à jauger la faiblesse de mon esprit. C'est ainsi qu'ils sont devenus nerveux d'un cran et l'un d'eux qu'on appelle communément « L'EMPEREUR » m'a accusé de m'être moquée d'eux et, pour cela ils m'amèneraient dans leur camp. Ils m'ont ensuite obstruit le visage et la bouche avec un tissu, m'ont transporté et se sont mis à courir avec moi en forêt. Mes efforts n'ont servi à rien car ils étaient d'une brutalité démoniaque. L'EMPEREUR m'a averti que si je continuais à gesticuler, ils me tordraient le cou. Je me suis donc laissé faire. Je me demandais si je ne faisais pas un cauchemar ou pas. Je vous jure tantines.

- Tout à fait ! Approuva Nicole.

Après avoir effectué plus d'une heure de course en pleine forêt, nous arrivâmes dans leur camp. Nous y trouvâmes huit personnes réparties dans trois cabanes dont L'EMPEREUR et NINJA de leurs vrais noms EFOULA Brice et SALEO Dominique respectivement sont les chefs. Ils restent dans l'une des cabanes et leurs subordonnés occupent les deux autres. C'est donc avec les deux chefs que je devais séjourner. Ils m'attachèrent les mains et me bandèrent la bouche. Durant ces jours, j'étais avec eux et pour eux. Ils m'ont fait si mal que je ne sais pas comment vous l'expliquer tantines...

Elle éclata à nouveau en sanglot et Nicole lui demanda :

- T'ont-ils violé ?

...Je ne veux pas parler de ça s'il vous plait. Figurez-vous que j'ai passé au moins quatre jours et quatre nuits avec eux et pour eux ! Je n'aurais jamais imaginé que des gens que je prenais pour des frères m'auraient fait ça. Pourtant, grand-mère me dit souvent qu'on ne fait pas cette chose avec les parentés ! Mais eux, ils n'ont plus le moindre scrupule à l'égard des liens de sang, ni à l'égard de Dieu, encore moins à l'égard de la loi. S'il vous plait, faites quelque chose mes sœurs ! Agissez ! Dites aux militaires et aux gendarmes d'aller massacrer ces imbéciles, sinon, ils continueraient à faire du mal à mes sœurs au village. Bon Dieu si je pouvais avoir une arme ! Si seulement quelqu'un pouvait me donner une grosse arme, je partirais faire ma propre vengeance ! Si vous rencontrez les militaires, dites leur que je connais leurs noms et même si je ne peux plus savoir exactement la route de leur sale camp, je sais qu'ils viennent toujours au village pour se ravitailler et pour boire du vin. Je suis disposée à aller les pointer du doigt. S'il vous plait, faites quelque chose pour mes sœurs du village à qui je ne souhaite pas de vivre un tel calvaire. Car tous ces gens sont cruels et si je vous le dis, c'est que tous m'ont fait ça, tous ! Ce n'était pas seulement EFOULA et SALEO, mais toute la bande. »

Nicole et moi étions en larmes et ne pouvions plus arrêter Delphine. Son goût de vengeance me semblait excessif et je réalisais à peine combien de fois elle se sentait outragée et abusée. Je crus entendre parler Francis NGANOU avant son deuxième combat contre Stipe MIOSIC. Nous imaginions le calvaire qu'elle avait du subir et ne voulions pas être à sa place. Comment avaient-ils pu lui faire ça ? Comment ?

De toutes les façons, nous devrions bel et bien agir, nous devrions même nous approprier son combat ; cette rage qu'elle avait devait également être la nôtre ; nous avons tous envie de prendre des armes et nous venger. Mais de quelle manière serait-ce possible ? De quelles armes devrait-il s'agir ? Comment le monde entier peut véritablement combattre les brigands sexuels si ce ne serait de changer les mentalités ? Comment peut-on laisser prospérer un phénomène qui détruit un être humain qui puis est du sexe dit faible, tant dans son intégrité physique que dans son intégrité morale ? Il faut vraiment agir. Pendant que nous serrions Delphine dans nos bras, il m'arriva en idée de lui poser la question de savoir pourquoi ne parlait-elle que de sa grand-mère, mais jamais de ses véritables parents ?

- Tantine, je ne sais pas ce qui m'arrive et pourquoi je suis toujours ciblée par les violeurs. Répondit-elle.

J'écarquillai mes yeux et je n'eus de mot à dire. La réponse me semblait si embarrassante que je me demandais si Delphine n'était pas déjà en train de délirer. Mais obstinément, elle continua :

- Ma mère dit m'avoir conçue lors d'un voyage d'affaires au Nigéria. Alors mon père serait un commerçant nigérian qui n'est jamais venu au Cameroun et qui n'a jamais eu le souci de me connaître, encore faudrait-il savoir s'il est au courant de mon existence. Ma mère déclare qu'elle ne peut plus retrouver ses traces, en tout cas. Quant à elle-même, elle vend des vivres dans un petit marché à NGaoundéré. Jusqu'à l'an passé, nous vivions là-bas avec son amant qui est en même temps le père de mes trois petits-frères. J'y allais à l'école et ce dernier s'occupait de moi comme un père. Au départ, il manifestait un grand amour pour moi au point où maman remerciait le ciel tout le temps de lui avoir envoyé un homme qui aimait sa fille battade comme sa propre fille.

Lorsque maman allait au marché les weekends, elle me laissait faire les travaux ménagers et mon beau-père vendait une petite boutique devant la maison. Cependant, comme mon corps commençait à se développer, mon beau-père avait l'habitude de me surveiller en surgissant dans ma chambre à tout moment. Ça m'importunait car je me disais que j'avais le droit de garder mon intimité, y compris envers lui. Bizarrement, lorsque maman n'était pas à la maison, il fermait la boutique, me faisait des compliments en me tapant aux fesses, me disant que je devenais « mangeable ». Je ne comprenais pas ce que cela voulait dire et tous ses compliments ne faisaient que m'importuner. Je n'avais pas envie de savoir ce qui se passait entre l'homme et la femme.

Un jour, maman était allée au marché, mes petits-frères étaient partis chez leur tante paternelle qui ne voulait rien savoir de moi. Alors j'étais restée seule à la maison avec mon beau-père. En pareille situation, je préférais m'enfermer dans ma chambre pour éviter tout contact avec lui. Tout à coup, il ouvrit la porte de ma chambre en sous-vêtements ; il me demanda d'aller voir ce qui le dérangeait au niveau du pubis. J'hésitai de le faire mais il insista en me disant de ne pas avoir peur car j'étais sa fille. Sans attendre que je lui réponde, il baissa son bermuda et me montra son sexe. Toute sidérée, je commençai à trembler. Ensuite, il vint en courant m'étouffer avec l'oreiller sur tout mon visage, coinça mes bras derrière ma tête d'une main puis me déshabilla de l'autre avec ses pieds qui arrivèrent à déchirer mon caleçon pendant qu'il continuait à faire pression sur l'oreiller avec sa muraille de poitrine truffée de poils on dirait un animal. Je tentai de pousser un cri mais ma voix ne sortit pas. Lorsque je sentis son sexe endurcis m'effleurer, je tentai de balancer mes hanches afin qu'il ne me pénétra pas, mais il arriva tout de même à le faire avec une violence féroce. C'était ma première fois de connaître l'homme et c'était ma première fois d'être violée. Les draps de mon lit étaient marqués de grandes taches de sang. J'avais si mal.

Lorsque maman rentra du marché, ils commencèrent à faire de graves problèmes et pendant plusieurs jours, plus rien ne marchait entre eux. Par la suite, une assise familiale fut convoquée et à l'issue, ils trouvèrent un terrain d'entente. «Ce qui fait l'enfant ne tue pas l'enfant », conclut arrogamment le beau-père à ma mère. Cette dernière ne pouvant pas abandonner son foyer à cause de cette affaire, son courroux fut réduit à sa plus petite dimension. Trois enfants, avec un homme à son âge, c'est beaucoup. Elle était donc obligée de se sacrifier pour l'amour de ses garçons. Quant à moi, j'avais été renvoyée au village pour y vivre avec ma grand-mère qui n'a pas les moyens pour m'envoyer à l'école. C'est pour cela que je ne vous parle que d'elle. Elle m'aime beaucoup et je suis une partie d'elle.

Je me demande pourquoi toujours moi tantine. Mais je crois que cette fois-ci est la fois de trop. Il faut agir, et je ne lâcherai pas. Je finirai un jour par me venger contre toutes ces personnes qui m'ont détruit, car je me sens différente des autres filles de mon âge. Lorsque je vois mes amies, j'ai l'impression qu'elles débordent de zèle et d'amour propre. Elles sont si fières de leurs corps et leur esprit est tranquille. Par contre, moi je suis une ordure, une mine d'or vidée de tout son trésor et qui ne suscite plus le moindre attrait et la moindre considération. Que reste t-il de bon à une femme violée ?! Que reste t-il d'une fille qui ne pourra plus s'offrir le luxe de tirer un garçon par le nez parce qu'il devra peiner avant de s'offrir sa virginité ?! Que reste t-il d'une fille dont on peut à tout moment se servir le corps comme un point d'eau communautaire ?! Voyez-vous mes sœurs, j'aurais souhaité être courue par un garçon à qui je pourrais donner mon corps par mon propre consentement le moment opportun. Mais à plusieurs reprises, des brigands, ont fait couler mon sang par des viols. Qu'ai-je fait pour mériter cela mes sœurs ? Qu'ai-je fait pour être victime de toute cette barbarie ?!

- Alors il faut que ça cesse, dis-je ; que justice soit faite à l'encontre de tous ceux qui commettent les viols et toutes les autres violences liées au sexe. Aujourd'hui c'est toi, demain ça pourra être nous, notre sœur ou notre amie ou encore quelqu'un d'autre dans notre entourage. Peut-être qu'au moment où nous parlons, une fille est en train de se battre, nue, désemparée et désespérée sous la poitrine d'un homme monstrueux et transpirant comme une fauve à la poursuite d'une pauvre bête qui ne courre que par instinct de survie, car elle sait au fond d'elle-même qu'elle finira par être broyée et dévorée.

- Peut-être qu'au moment où nous parlons, enchaina Nicole, une femme est muselée dans son soi-disant foyer, après avoir été forcée au mariage, après avoir mis au monde une multitude d'enfants devant lesquels elle subit bastonnades et ridicules de toutes sortes. Aïe ma mère ! Je pense à elle et je me souviens de son périple quotidien. Parfois j'ai envie de la voir, mais quand je pense à la misère qui se lit dans ses yeux, je préfère rester loin d'elle. Dieu du ciel !

- Je me dis que certaines femmes sont frivoles à cause des viols et des humiliations, repris-je. Car du fait d'être violée et humiliées, elles finissent par se dire que leur corps est une vulgaire chose à laquelle tout le monde peut accéder, et se servir à vile prix, sinon gratuitement. Le viol pousse la femme à dédaigner son propre corps et vous savez qu'une femme qui dédaigne son propre corps dédaigne sa vie. Cette femme-là peut donc se décaper la peau n'importe comment, s'habiller en exposant ses parties intimes et offrir son corps au premier venant. Elle n'a plus de considération pour elle-même. C'est lamentable mes chères sœurs. D'autres femmes peuvent plutôt développer une réticence envers les hommes en général. Car l'homme, peu importe ses intensions est un diable pour elles. Elles deviennent réfractaires aux convoitises, quand bien même celles-ci seraient de bons augures. C'est se détruire. La femme devrait rester femme et tout en matière de son intégrité physique, morale ou émotionnelle doit lui venir naturellement. Il faut vraiment combattre ces violences liées au sexe mes sœurs. L'adage populaire dit que « celui qui a trouvé une femme a trouvé le bonheur ». Or si un homme trouve une femme détruite, alors il aura trouvé le contraire du bonheur, c'est-à-dire le malheur.

<u>Chapitre 10</u> : Les coéquipières.

Nicole et moi quittâmes nos places, nous rapprochâmes de Delphine, l'une à sa gauche et l'autre à sa droite. J'entre-lassai mes doigts à ceux de Delphine d'une main et Nicole le fit de l'autre. Nous la regardâmes droit dans les yeux comme si nous nous étions préalablement entrainées pour la scène, puis je lui dis :

- Delphine ma chère, tu es déjà pour nous bien plus qu'une ménagère, mais une amie, voire une sœur. Tes propos nous ont profondément touchés et, personnellement, ton histoire est jusqu'ici des plus horribles que je n'ai jamais imaginées de ma vie. Je t'assure que tu peux totalement compter sur nous, car je suis absolument persuadée que Nicole n'en disconviendra pas avec moi. Nous devons mener le combat ensemble. Nous monterons sur tous les rings ensemble et nous nous battrons comme des lionnes okay ?

- Hé oui ma chérie, dit Nicole, nous sommes tes coéquipières ; nous nous battrons ensemble et bien au-delà de notre statut d'humanitaires, nous nous approprierons ton combat et ma foi, le Bon Dieu nous donnera la force et les moyens d'aller jusqu'au bout. Toutefois, laisse-moi te surprendre Delphine. Je voudrais te demander de prime abord de chercher à retrouver la vraie Delphine ZOUGA, cette Delphine-là devra conquérir sa vraie destinée, elle devra être intellectuelle, cultivée, forte, travailleuse, endurante, téméraire et sérieuse. Alors bats-toi d'abord contre la Delphine ZOUGA qui pleure, qui désespère, qui faillit et qui capitule. Fais-toi du caractère, fixe-toi un objectif à atteindre puis restes-en accrochée et optimiste. Quoiqu'il en soit, tout partira de l'école et excuse moi de revenir à cela, mais si tu n'es pas cultivée, nous aurons du mal à gagner notre combat. Tu pourras compter sur nous et comme le disait Paule, nous sommes tes coéquipières ma belle.

- Merci. Mille fois merci pour tous vos conseils, dit Delphine.

- Je suis parfaitement d'accord avec Nicole chère coéquipière, dis-je. Car l'école façonne l'être humain et le transforme miraculeusement. En particulier nous la jeune fille africaine devons être consciente du grand retard que nous accusons en la matière. Ce que nous te disons est en même temps vrai et bizarre parce que je ne peux exactement pas te dire quand et comment le miracle de la culturation par l'école se réalise. Lorsqu'on y va, c'est comme un jeu, une aventure, mais au fil des années de réussite, on se rend compte qu'on change et qu'on acquière des aptitudes morales et c'est le plus important dans la vie je t'assure ma chère. Vois-tu, lorsqu'on dit qu'on va mener le combat, ce n'est pas que nous sommes trop musclées ou trop fortunées, mais c'est parce que nous comptons sur nos aptitudes morales. Comme tu peux t'imaginer, dans une équipe, tous les membres doivent être compétents. Notre compétence, c'est le fait d'avoir été à l'école. Donc pour que nous nous rassurions de la victoire dans notre combat, il faudrait que nous ayons les mêmes aptitudes. En un mot, nous ferons tout notre possible pour que tu puisses retourner à l'école en septembre prochain. Ce sera le début du combat et nous n'aurons pas droit à l'erreur d'accord ?

- D'accord et merci tantine. Merci mes chères coéquipières angéliques. Que Dieu vous bénisse et qu'il vous donne la force et les moyens de faire tout ce que vous désirez.

Nous reformâmes notre tas compact sur Delphine. Puis, lorsque nous nous détachâmes, nous nous levâmes toutes les trois et fîmes une tape sur les paumes de mains, comme des joueuses de volleyball qui ont cette façon de célébrer une communion indéfectible tant lorsqu'elles marquent des points que lorsqu'elles en perdent. Alors c'était pour nous un pacte de soutien mutuel et de convivialité à jamais maintenue. Ce fut donc un instant magique. Delphine rayonnait de joie et cela nous réjouissait au point où Nicole fit sortir une bouteille de whisky. Celle-ci avouait que depuis sa rupture amoureuse, son alcoolisme s'était accru.

Chapitre 11 : Le Premier.

Nous commencions à peine à boire notre whisky lorsque retentit le klaxon de voiture devant notre portail. Delphine y accourut instinctivement.

- Hé Delphine ! Fais attention à toi et n'ouvre surtout pas avant de savoir de qui il s'agit là ! Criai-je.
- D'accord tantine, répondit-elle.

Nous la suivîmes tout de suite avec nos verres en mains.

- Qui est-ce, demandai-je.
- C'est la garde madame, répondit quelqu'un.

Nous nous souvînmes que les éléments du corps d'élite de la Gendarmerie devaient commencer à prendre la garde chez nous ce soir.

- Bon Dieu, nous n'avons presque rien à leur servir comme nourriture, grommela Nicole.
- Ouvre Delphine, dis-je.

Un officier nous présenta les quatre éléments qui devaient passer les vingt quatre heures suivantes chez nous. Nous n'arrivâmes pas à bien les voir à cause des phares du Land Cruiser qui nous éblouissaient, sans oublier le whisky qui nous tournait déjà un peu la tête.

- Soyez les bienvenus les chefs, dis-je.
- Bonsoir mesdames, nous espérons que vous allez bien, dit le chef dont la voix me donna l'impression de m'être familière. Je me dis que nous aurions échangé en journée.
- Ça fait plaisir de vous voir en matelot, ajouta ironiquement l'un de ses éléments.

Malgré mes remerciements, le chef interrompit ce dernier. Ils portaient des sacs à dos et des lits picots.

- Veuillez nous excuser les chefs car nous avons passé une si troublante journée que nous n'avons pas eu le temps de cuisiner, dit Nicole. Néanmoins, si vous prenez de l'alcool, nous pouvons vous trouver quelque chose.

- C'est mieux que tout, dit un autre élément qui jusque-là restait muet.
- D'accord, vous pouvez entrer afin que nous buvions ensemble.
- Non madame, objecta le chef dont la voix me fut de plus en plus familière. Nous allons boire ici dehors car vous n'allez pas sans doute supporter l'odeur de nos cigarettes. Bien plus, les consignes de notre hiérarchie nous proscrivent d'entrer chez vous.
- Je suis désolée chef. Cela veut-il dire que vous passerez la nuit dehors ?
- Bien évidemment madame ; nous avons pris des dispositions pour cela. En plus, le service de garde chez des VIP, ce n'est pas un tour à la plage.
- C'est comme vous voulez, conclut Nicole pendant que je revenais avec une bouteille de vodka que je remis au chef d'équipe. Ils nous remercièrent tous, mais seuls les mots pour demander à ce chef d'équipe de garde si nous nous connaissions quelque part venaient s'arrêter au bout de mes lèvres. De surcroît, je n'arrivais toujours pas à bien le voir. Je me ressaisis, consciente que je prenais un verre, je pourrais manquer de lucidité. Ce n'aurait pas été honorable de chanceler devant des sujets qui nous devaient toute déférence, me dis-je. Et si jamais nous nous connaissions avant, c'était à lui d'afficher l'intérêt de se rapprocher à moi. Son modeste rôle de chef d'équipe de garde ne lui conférerait tout de même pas le droit de se mettre sur la même balance que moi, avec tout le respect que j'avais pour lui.

Nicole, Delphine et moi leur souhaitâmes de passer une bonne nuit et nous retrouvâmes au salon pour continuer à savourer notre belle soirée de retrouvailles et de méditation sur l'équipe que nous formions pour nos futures actions.

....

Le lendemain matin, Nicole fut la première à se réveiller. Elle savait très bien jouer son petit rôle d'aînée et de tendre. Delphine avait passé la nuit sur un canapé au salon, après avoir rejeté toutes les propositions de dormir avec l'une d'entre nous dans une chambre. Nicole ouvrit la porte et trouva nos gardes en train de cirer leurs rangers après avoir plié leurs couchages. Leur chef disait avoir le grade de Gendarme-Major, pendant que ses subalternes étaient tous des jeunes Gendarmes. Nicole les salua aussitôt après leur avoir montré les toilettes externes et le puits. Elle vint me faire savoir son étonnement du fait que tous ces jeunes gens fumaient. Toute ahurie de même par ce fait, je n'eus de mot à dire.

Je pris tout mon temps à apprêter mes documents et à faire ma toilette avant de sortir de la maison. Delphine terminait de nettoyer le sol après avoir fait la vaisselle. Je remarquai combien de fois c'était plus facile pour nous d'habiter avec elle. Lorsqu'enfin j'entrepris de sortir de la maison, j'étais déjà quasiment prête sur plusieurs aspects. Ce matin, j'avais choisi de porter un pantalon noir en velours et une chemise violette que j'avais enfilée. Il ne me restait plus qu'à y poser mon veston Burberry et porter une paire de ballerines. Une fois sortie, je vis les éléments de la garde. Tout à coup, mes yeux s'immobilisèrent sur leur chef. C'est sa voix qui m'était familière la veille. Je les saluai et une fois que celui-ci répondit, je criai :

- « Le Premier ! » Ne me fais pas croire que j'hallucine ! C'est bien toi « Le Premier ! »

- Comment allez-vous madame Paule Milène ZOE ONGUENE ? Demanda-t-il.

- Je vais bien camarade, ce n'est pas la peine de me vouvoyer, Le Premier !

J'allai m'abattre dans les bras de ce vieux camarade de lycée de Minkana que j'avais l'immense joie de retrouver. De là, je me rendis compte que je ne m'étais pas trompée la veille lorsque je trouvais sa voix familière.

- Heureux de te revoir ma sœur. Ça fait des lustres ! Dit-il.
- Très heureuse de te revoir aussi frère. Ça fait au moins sept ans que nous nous sommes séparés après l'obtention du Baccalauréat.
- Absolument.
- Dis-moi, que fais-tu avec cet uniforme Le Premier ? Toi qui étais pourtant si brillant à l'école ! Je pensais que tu aurais obtenu une bourse pour continuer tes études dans une prestigieuse université afin de devenir Professeur ou alors un expert quelque part !
- Mais ça c'était avant ma sœur !
- Oh non je n'en crois pas mes yeux Le Premier ! Sais-tu, je ne me souviens plus de ton vrai nom. Tu fus si brillant à l'époque que tu avais confisqué le premier rang lors des compositions et tout le monde t'avait adopté le surnom de Premier. Te souviens-tu ?
- Disons que ça c'était avant. Vraiment.

Nicole nous avait retrouvé, ayant entendu comment je criais après avoir reconnu mon ancien camarade de lycée. Le fameux Premier des premiers de tout l'établissement, malgré la multitude des classes et des élèves, durant tout notre parcours au secondaire. Ayant constaté que ma copine faisait la malheureuse et l'abasourdie, je profitai pour lui présenter :

Voilà ma sœur, je te présente « Le Premier ». C'est un ancien camarade du lycée de Minkana, à Yaoundé. Je crois pouvoir avoir tout le temps pour te parler de cet extraordinaire garçon. De même, mon cher Premier des premiers, je te présente ma collègue, amie, sœur et coéquipière Nicole. J'espère tout de même que les circonstances nous permettrons de mieux nous connaître. Pour le moment, le temps nous tient par la gorge car il est sept heures. Je te prie d'entrer pour prendre le petit déjeuner avec nous. Tu ne me parleras pas tout de même de ta hiérarchie, parce qu'en ce moment, tu es chez ta camarade après avoir effectué ton service dans les normes.

- Je suis à vos ordres, madame l'humanitaire. Maintenez les gars, ordonna t-il à ses éléments.

Nicole demeurait toute pantoise, pendant que Delphine restait à l'écart, assise sur un tabouret face à la télévision où elle focalisait toute son attention. Je n'arrivais pas toujours à voiler mon émotion en rencontrant ce jeune homme qui avait fortement marqué mon passage au lycée par son incroyable intelligence, mais qui, curieusement n'avait pu obtenir qu'un emploi certes digne, mais loin d'être à la dimension des espérances. D'ailleurs, lui-même Le Premier devait en être conscient. D'ailleurs, sa façon de me répondre froidement lorsque je faisais allusion à ses qualités laissait penser qu'il éprouvait un certain regret, voire un complexe. Alors je m'abstins de lui poser davantage de questions relatives aux mobiles qui l'auront obligé à n'être que Gendarme-Major jusqu'ici. En plus me dis-je, s'il venait nous garder, quoiqu'en tant que chef d'équipe, c'est que Le Premier était loin du sommet de la pyramide dans son corps de métier. Malgré mon ignorance des galons de l'armée, je pouvais jurer que la posture de mon camarade n'était pas des plus fameuses.

Après le petit déjeuner, nous retrouvâmes les éléments du Premier qui continuaient à fumer leurs cigarettes. Le chauffeur disait être en route et le Premier nous rassurait que leur Land Cruiser arriverait sans doute avant notre véhicule. Lui et son équipe termineraient leur service lorsqu'ils nous auraient escorté jusqu'au camp des réfugiés. Le soir, c'est une autre équipe qui devait venir. Une dizaine de minutes plus tard, le Land Cruiser arriva. Les trois jeunes gendarmes se mirent rapidement à jeter leurs effets dans le véhicule. Pendant qu'ils le faisaient, notre véhicule arriva aussi. Puis, nous fûmes escortées jusqu'au camp. Le Premier descendit rapidement de la cabine de leur véhicule et fit un salut militaire à Nicole et nous dit au revoir. Nicole les remercia et lui remit un billet de deux mille francs pour l'achat de leurs cigarettes.

Le Haut Commissariat des Nations Unies pour les Réfugiés s'était engagé à primer chaque équipe de garde au quotidien, de quoi nous épargner de tout souci relatif à leur rémunération. Quand il voulut tourner, je lui remis ma carte de visite et lui demandai de m'appeler impérativement en soirée.

……………………………………………………………………………………………………

- Bonjour mesdemoiselles, dit instantanément monsieur Frédy MBOUDOU une fois que nous franchîmes la porte du bureau. Nous aurons une demi journée de travail parce que c'est un samedi. Mais comme d'habitude, notre présence ici le weekend est justifiée par le fait que nous n'avons pas suffisamment travaillé pendant un jour au cours de la semaine. Cependant, nous n'allons pas absolument considérer que nous n'avons pas fourni le moindre effort car le cas Delphine ZOUGA qui nous a presque complètement occupé hier est effectivement de notre domaine, parce qu'il s'agit de personne vulnérable qui a fait l'objet de violence liée au sexe. Tout à l'heure, nous aurons l'occasion de mieux parler de l'expression générique de « violence liée au sexe ». C'est pour cette raison que j'ai taché d'informer la hiérarchie de tout ce qui s'est passé à ce sujet. Mais alors, vous pourrez considérer que ce travail n'est qu'à son début. Il faudrait d'emblée qu'on se rappelle qu'il ya beaucoup de choses qui se sont faites de part et d'autre dont nous devons harmoniser les données. Vous devez comprendre qu'il y a des questions administratives qui se traitent avec un mélange de politique et d'humanitaire, malgré nous et c'est fort regrettable. Hé bien, lorsqu'on associe monsieur le Maire et autres dans un dossier comme celui-là, il est tout à fait logique qu'il s'y face un peu de politique. Alors nous n'avons pas jugé nécessaire de vous y mêler. En ce qui nous concerne, nous avons simplement du pain sur la planche.

Nous étions toujours debout parce que notre coordonateur l'était encore et j'avais tout de suite compris que la demi-journée de travail serait intense.

- Prenez place mesdemoiselles, dit-il, enfin.

Nous nous essayâmes pendant que Frédy accrochait une demi-paire de fesses sur une table.

- Dites-moi, comment elle va, la petite Delphine ? Continua-il.
- Elle se porte assez bien, répondit Nicole.
- L'avez-vous amené à l'hôpital ?
- Non monsieur, pas encore.

- De toutes les façons, c'est la première chose à faire lundi prochain okay ?
- Okay.

Elle va devoir passer les examens de VIH SIDA et MST mais aussi, elle devra s'entretenir avec nous dans le volet purement psychologique afin qu'en synergie avec le personnel de santé, nous puissions effectuer tous les dépistages relatifs à la santé mentale et physique dont elle pourrait souffrir. Pour revenir aux travaux récemment effectués à son sujet, l'essentiel que je puisse vous dire c'est que nous sommes convenus avec les autorités en place sur un certain nombre de dispositions à prendre dans la localité de Kenzou et ses environs à savoir le renforcement de la sécurité, la redynamisation des comités de vigilance, et un plus grand effort de collaboration avec tous les acteurs devant nous permettre de mieux effectuer notre travail. Ce n'est donc pas anodin que vous soyez gardées par les éléments du corps d'élite de la Gendarmerie.

Pendant que Frédy le disait, FADI arriva. Nous l'embrassâmes tout en profitant de respirer.

- Allez ! Continuez les amis, ça doit être du sérieux par là. Dit-elle.
- Merci madame, dit Frédy. Ma préoccupation actuelle est de savoir ce qui s'est réellement passé chez vous à propos de Delphine.

Nicole et moi lui racontâmes tout ce qui s'était passé la veille à la maison. Nous essayâmes de lui faire savoir la profondeur du malheur de Delphine à cause des abus et violences qu'elle avait subis et tout ce que nous ambitionnions faire pour elle avant qu'il ne reprit la parole en disant :

- En effet, le cas Delphine ZOUGA correspond à une préoccupation sérieuse des Nations Unies et de beaucoup d'Organismes et de personnes engagés dans la défense des droits de l'homme en général et de la femme en particulier et plus spécifiquement dans la lutte contre les violences liées au sexe. Toutefois, il convient de rappeler un certain nombre de principes de base liés à cette lutte. Voyez-vous, toutes les femmes peuvent être victimes de ces violences : riches ou pauvres, lettrées ou éduquées, mariées, veuves ou célibataire et qu'en sais-je encore. L'Organisation Mondiale de la Santé(OMS) estime qu'une femme sur trois a été confrontée à la violence dans sa vie.
- Dites-nous monsieur, pourquoi l'expression violence liée au sexe ? Pourquoi les femmes revendiquent l'égalité des sexes en même temps qu'elles sont obligées de faire de la victimisation, comme pour avouer l'impossibilité de cette entreprise ? Demanda Nicole.
- Justement monsieur, l'une des notions que je n'ai pas toujours réussi à comprendre jusqu'ici, c'est pourquoi les hommes disent que la femme est aussi dangereuse qu'un démon mais jamais on ne parle de violences faites aux hommes !
- En effet, l'expression « violence liée au sexe » comprend le mot sexe parce que la plupart des victimes des violences interpersonnelles sont incontestablement les femmes. Cette violence est donc dirigée contre les femmes à cause de leur sexe, leur faible pouvoir dans leurs relations avec les hommes et de l'infériorité de leur statut. En conséquence, vous comprenez bien que les maladresses de certaines

femmes à l'égard de quelques hommes ne sont pas foncièrement classées à une dimension humanitaire, mais d'ordre éducationnel ou social. Or la solution à tout cela réside à la prise en compte de la condition féminine et humanitaire en général.

De toutes les manières, l'expression « violence liée au sexe » se rapporte à « tous les actes de violence dirigés contre le genre féminin et causant ou pouvant causer aux femmes un préjudice ou des souffrances physiques, sexuelles ou psychologiques, y compris la menace de tels actes, la contrainte ou la privation arbitraire de liberté que ce soit dans leur vie publique ou dans leur vie privée ». Tel stipule la déclaration des Nations Unies sur l'élimination de la violence à l'égard des femmes en son Article premier.

Pourtant, jusqu'à une époque récente, la violence liée au sexe était perçue comme un phénomène privé ou familial. Vous comprenez donc pourquoi lors de son premier viol par son beau-père, c'est la famille qui s'en était chargée. Malheureusement, les mœurs ici n'ont permis de prendre que les résolutions qui s'en sont suivies. Suite à l'évolution des mentalités, cette question apparaît comme un problème de santé publique et une violation des droits de la personne. De nombreuses études témoignent de la prévalence de la violence liée au sexe et ses graves conséquences sur les femmes ont montré qu'une femme sur trois comme je vous disais tantôt est confrontée à la violence liée au sexe. Les rapports de Heise, Ellsberg et Gottemoeller rendus public en 1999 ont apporté de bonnes précisions là-dessus. En effet, les Nations Unies ont reconnu la violence liée au sexe comme un fléau qui affecte les individus, les familles, les communautés et les nations. Vous comprenez bien toute la quintessence du principe cardinal « Tolérance zéro » aux abus et exploitations sexuels. Malheureusement, dans le cadre des sciences de la santé reproductive, les victimes sont souvent identifiées comme des patients difficiles. Cela cause donc une forme de stigmatisation et témoigne des échecs qui en résultent, parce qu'elles n'observent pas les recommandations du personnel de santé, ne se présentent pas aux visites de suivi ou ne suivent pas les traitements prescrits notamment pour les MST. Vous y veillerez éventuellement pour ce qui est de Delphine. Ceci dit, leurs symptômes peuvent s'aggraver et elles peuvent continuer à présenter les mêmes symptômes sur une longue période. Je vous félicite personnellement pour l'élan de magnanimité dont vous faites preuve à l'égard de cette fille, chères amies.

- Qu'est-ce qui fait donc que ces symptômes perdurent autant, puisque lorsque j'ai écouté Delphine parler hier, j'ai tout de suite eu l'impression qu'elle entretient encore les séquelles de toutes les atrocités qu'elle a subies ? Demanda Nicole.

- Le vrai problème c'est que les femmes ne reçoivent pas l'aide dont elles ont besoin au vu de leur comportement et des symptômes non diagnostiqués de la violence liée au sexe. Ainsi, non identifié et non traitée, la violence liée au sexe affecte les victimes longuement et parfois à vie. Dans les pays en développement comme le nôtre, les praticiens de santé se limitent à la seule visite médicale dans les domaines de la maternité et de la pédiatrie. Pourtant, cette visite devrait être l'occasion idoine pour en parler avec les victimes qui ont besoin d'un cadre de confiance à leurs praticiens de santé pour répondre de manière appropriée à cette confusion. Car figurez-vous, le premier pas dans cette lutte consisterait à rompre le silence et à briser les barrières. Il le faut et c'est ce que souhaite la courageuse Delphine ZOUGA lorsqu'elle vous parle « d'agir ». Il est donc tout à fait adéquat de prendre les initiatives que vous prenez et, laissez-moi vous dire que ces initiatives ne demeureront pas les vôtres, mais celles des Nations Unies, dans l'espoir vif que nos doléances adressées à New York depuis hier auront une suite favorable. Par expérience, de telles doléances aboutissent le plus souvent et la première lueur de lumière c'est le paiement de la garde de votre domicile. Les Nations Unies prendront certainement la situation en main je vous assure.

Pour revenir à vos préoccupations, j'aimerais juste vous inviter à vous imaginer qu'à vos seize ans, votre père, beau-père, grand-père, oncle, frère, cousin ou tout autre membre de la famille qui est sensé vous protéger et prendre soin de vous, qu'une telle personne puisse commettre à votre égard des actes tels que des attouchements, la masturbation, les contacts vaginaux, oraux ou anaux ; imaginez qu'une telle personne vous pousse à la prostitution ou à l'exhibitionnisme ou au proxénétisme! Quel avenir serait-elle en train de préparer pour vous ?

- Aucun, répondis-je. Au contraire !
- Voilà. Malheureusement, plusieurs tentatives tendent encore à minimiser la violence liée au sexe en rejetant la faute sur la victime ou sur sa mère. Parmi ces accusations sur l'enfant figure l'idée que c'est elle qui a encouragé l'abus ou l'a imaginé. Il arrive aussi qu'on reproche à la mère de l'avoir provoqué en refusant d'avoir les rapports sexuels avec son auteur ou en s'y associant, ne prenant pas conscience de ce qui se passe ou ne le rapportant pas. Tel a été le constat de l'OMS dans son rapport de 1999 sur la question.

Pourtant, cette mère est elle-même le plus souvent confrontée à une autre forme de violence dite domestique. Celle-ci recouvre les sévices physiques, verbaux, émotionnels, psychologiques ou sexuels infligés à une femme par son époux ou son partenaire. Il peut s'agir des actes et des paroles menaçantes ou intimidantes, des coups, l'utilisation d'une arme, le viol, la séquestration, la surveillance financière, la cruauté envers la femme ou les gens et les choses qu'elle aime ainsi qu'un langage abusif ou dégradant. Je pense que c'est très dur de vivre tout ça. Vraiment.

- Parlez nous davantage du viol, de ses conséquences et de la manière dont nous devons aborder les victimes et le sujet en général. Demandai-je, pendant que FADI écarquillait les yeux devant Frédy, pour lui faire savoir son envie d'intervenir. Une fois qu'il l'eut compris, il lui fit la passe de manière gestuelle tout de même.
- Disons que votre question est très intéressante, quoique nous pensions que vous en avez des pré-requis notamment sur la base de vos études et de toute la documentation y relative mise à notre disposition. Toutefois, je comprends bien que le terme viol a tendance à échapper à l'entendement, surtout quant à ses conséquences. Dans l'imaginerie populairement naïve accompagnée de mauvaise foi, on peut se dire qu'il se limiterait à de simples douleurs corporelles qui partiraient quelques temps après la commission de l'acte. Chers amies, nous sommes des femmes et je me réjouis que ce soit un homme

qui coordonne le monitoring de vos services, car nous sommes souvent habituées à nos rencontres et débats comme si nous faisions une conspiration secrète contre les hommes avec qui nous sommes pourtant naturellement enclins à vivre. Il n'est donc pas question de conspirer, mais d'éveiller les consciences ; et hommes comme femmes, nous en sommes tous interpellés. Le viol est donc associé aux sévices corporels, c'est le recours à la force physique, la menace de recourir à la force ou à la contrainte émotionnelle afin de procéder à la pénétration vaginale, anale ou orale d'une femme sans son consentement. Dans la plupart des cas, l'auteur est connu de la victime. C'est ce qui s'est passé avec notre Delphine par rapport à son beau-père et ses soi-disant frères du village. Le viol peut être unique ou répété ; il peut se produire après consommation de l'alcool ou de la drogue qui rendent la victime plus vulnérable. Mentionnons quand-même au passage le parallélisme avec les sévices corporels qui recouvrent tous les contacts sexuels non consentis mais qui n'aboutissent pas nécessairement à la pénétration.

Quant aux conséquences, le viol qui fait partie de l'expression générique de violence liée au sexe cause les troubles gynécologiques, les maladies sexuellement transmissibles, le VIH SIDA, les rapports sexuels précoces qui ouvrent à eux seuls une autre panoplie de tares, les grossesses précoces chez les adolescentes, la stérilité, l'avortement, la victimisation, les comportements à risques tels que la prostitution, la toxicomanie, le suicide, la mort. Oui la mort mes chères !

Elle insista ainsi parce quelle Nicole mettait la main sur la bouche en signe d'étonnement.

Je vais vous raconter une petite anecdote les amies, continua-t-elle. L'an passé, dans la localité de Ramo, un groupe de dix individus avait décidé de s'organiser pour assouvir abusivement leurs appétits libidinaux d'un soir. Alors ils rassemblèrent la somme de cinquante mille francs en donnant cinq mille francs chacun. Dans ce groupe, un seul salopard parvenait à bricoler du français. Il se chargea donc d'aller courtiser une jeune fille de vingt ans qu'ils avaient tous ciblé depuis des semaines. Pendant qu'il y allait, ses neuf autres se chargèrent de louer une chambre dans un motel bien retiré de toute affluence populaire. Ils s'empiffraient d'alcool et de drogue, ayant la certitude que leur acolyte ne frapperait pas à coté. Vous imaginez ce que ferait un billet de dix mille francs aux yeux de nos sœurs ici dehors ; cinq en un coup renverseraient donc la terre, d'autant plus qu'elle n'était pas avertie de ce que le sacrifice devait aussi se multiplier. Il ne fallut pas une demi-heure de négociation avant que la pauvre ne se retrouva dans la chambre du motel où elle découvrit la bande de ses bourreaux. Ceux-ci étaient munis de couteaux, de telle sorte que si elle voulait crier, elle savait à quoi s'attendre dans un local où le chanvre indien puait à la rendre folle. Elle fut donc contrainte à se faire écouvillonner par dix badauds drogués... Le lendemain, elle mourut à l'hôpital.

- Nom de Dieu ! Dis-je.
- Désolé ma fille, mais le viol cause effectivement des conséquences graves et il ne faut pas toujours dix violeurs pour qu'on en arrive là. Des histoires vraies comme celle-là, j'en connais une pléthore dans diverses illustrations.

- Quel avait été le sort des malfaiteurs par la suite madame ?
- Ils auraient traversé la frontière en allant vers le Tchad... Les recherches restent en cours et on fait confiance aux forces de l'ordre.
- Nom de Dieu !m'exclamai-je encore.

Quelques temps après la prise de parole de madame FADIMATOU MIRA, Frédy conclut en nous donnant les consignes de la rédaction de nos rapports hebdomadaires et celui de l'affaire Delphine ZOUGA qu'il devait acheminer à la hiérarchie. Puis, pour décidément clôturer la demi-journée de travail, il nous convenait de faire notre tour habituel du grand camp des réfugiés.

....

FADI y était devenue de plus en plus célèbre, on dirait madame le Maire ! Frédy lui était le monsieur propre, respecté et estimé de tous, surtout en temps de bonne humeur. Nicole et moi subissions les caprices de la pluie et du beau temps ; bonnes partenaires des moments paisibles, mais premières à abattre lorsque les choses tournaient au vinaigre. On dirait que c'est nous qui avons mis ces gens dans ces conditions ou que c'est nous qui décidions de leurs conditions d'accueil. L'officier de Gendarmerie, commandant les éléments du corps d'élite nous fit l'amitié d'être des nôtres pendant ce périple. Il s'avéra ex machina proche de moi, dévoilant un certain attrait que ma bague de fiançailles semblait plutôt stimuler. C'était curieux et si je n'avais pas lu le livre du célèbre écrivain ivoirien Isaïe COULIBALY BITON intitulé « Que Dieu aide les femmes » bien avant, je n'aurais pas compris pourquoi les hommes aiment « les femmes mariées ». En tout cas, je savais comment gérer son cas. Ce fut une aubaine pour moi de lui demander un service :

- Chef, s'il vous plait, pouvez-vous me rendre un service ?
- Le quel belle dame?
- Je souhaiterais que le chef de garde d'hier soir chez nous soit permanemment désigné au même poste.
- Ah bon ! Est-il aussi rapide ?
- Beuh je ne vous comprends pas chef.
- Comment a-t-il fait pour vous avoir si vite ?
- Excusez-moi chef mais vous me faites rire. En effet, je ne crois pas qu'il en soit question car ce gars est tout simplement un ancien camarade de lycée dont l'intelligence m'avait beaucoup marqué. Il me plairait donc d'échanger avec lui en permanence. Je vous en prie, cela me permettrait juste d'évoquer nos souvenirs sur les bancs.
- Etes-vous sérieuse madame ?
- Absolument chef.
- Dans ce cas, je pourrais désormais le considérer comme un beau-frère !
- Voyez-vous, je porte une alliance !
- C'est un aspect d'apparence n'est-ce pas ?!
- Je ne voudrais pas en faire un débat, quoique vous soyez libre de pensée chef. C'est compréhensible.

- Je ne vous refuserais aucun service qui soit de mon possible beauté.
- Je vous en serais très reconnaissante chef.
- Je suis le Capitaine NDOUMBE Philippe. Vous pouvez m'appeler Philippe, et un prénom, ça ne se vouvoie pas !
- D'accord Philippe. Je m'appelle Paule. Encore merci Philippe.
- Je t'en prie Paule.

Il me donna son numéro de téléphone et je ne trouvai aucun inconvénient à lui donner le mien. Comme le dit-on en marketing, utilisez ce que vous avez pour avoir ce que vous voulez.

Nicole ne voulait rien savoir de Philippe, car elle qualifiait tous les « hommes en tenues » de barbares, même si elle louait leur profession. C'est d'ailleurs ce qui expliquait sa réticence à l'égard du Premier la veille. Je n'étais pas loin de son avis, mais rien ne pouvait m'empêcher d'exprimer ma joie de retrouver mon camarade de lycée.

Lorsque nous eûmes fini de faire le tour du camp, Philippe se rapprocha de moi et me demanda :

- Alors Paule, c'est le weekend donc nous pourrons programmer un petit tête à tête autour d'une bouteille, pas vrai ?
- Ça dépendra, nous en parlerons au téléphone. Si un temps libre se présente, des amis aussi simpliste que soit leur relation trouveraient toutes les raisons de se retrouver dans les circonstances que tu évoques. N'oublie pas mon service, pour l'amour du ciel Philippe !
- Tu parlais bien de Eric TCHOUNKEU, le Gendarme-Major n'est-ce pas ?
- Ah oui ! C'est son nom que j'avais déjà oublié car au lycée, nous l'appelions toujours Le Premier.
- Et pourquoi ce pseudonyme ?
- Parce que ce gars était toujours le premier de l'établissement durant tout notre parcours au lycée.
- Buff ce sont ses oignons là-bas.
- Je vous remercie d'avance et bon après-midi Monsieur le Capitaine !
- A bientôt ma belle !

<u>Chapitre 12</u>: Le récit de Hadja Zara, ma sœur adoptive.

Pendant trois semaines, Eric TCHOUNKEU, Le Premier habitait quasiment avec nous. Philippe venait déposer ses éléments chaque soir pour le rejoindre de garde. Au début, les choses ne furent pas faciles. Sa hiérarchie effectuait les tours de jour comme de nuit pour contrôler s'il assurait effectivement son service ou s'il se contentait plutôt de développer une relation extraprofessionnelle avec nous. Philippe, ne voulant pas être ridicule par la jalousie chargeait chacun de ses subordonnés de lui rendre compte du comportement de celui qui était pour lui mon douteux camarade. Lorsque Nicole et moi lui faisions la gentillesse d'honorer à quelques unes de ses multiples invitations, il surveillait l'attitude du Premier à la loupe. Ce dernier affichait plutôt une telle innocence et une telle indifférence que son chef s'en voulait finalement à lui-même de se faire des idées. Pourtant, lui-même Philippe fut-il Capitaine, ne perdait que son temps. D'ailleurs, même si Nicole ne m'avertissait pas qu'à la moindre incartade, elle informerait René de ce que j'aurais fais, je n'aurais pu rien entreprendre avec le Philippe de la quarantaine pour qui je n'éprouvais aucune miette de sentiment.

....

Depuis la deuxième semaine que passait mon camarade Le Premier avec nous, une jeune fille venait, matin, midi et soir lui rendre visite et lui donner à manger et à boire. C'était une charmante demoiselle de la vingtaine à qui le bon Dieu avait tout donné en matière de beauté. Elle avait été importée dans cette petite ville par Le Premier. De teint clair, au visage ovale avec son petit menton pointu, elle avait de beaux yeux ronds et marron avec une petite bouche assortie de lèvres légèrement charnues. Sa tête était toujours couverte par un voile correspondant parfaitement à son corps. Elle avait un important bassin et ses pagnes séduiraient tout prince, par les mouvements saccadés que faisaient ses fesses et ses seins. Ils y a de belles femmes au monde, mais HADJA ZARA que Le Premier ne nous fit la présentation qu'en nous déclinant son nom sortait sans doute d'une autre sphère. Je lui concédais personnellement la distinction de plus belle fille de Kenzou en ce moment. En regrettant qu'Eric TCHOUNKEU se fût contenté de son modeste statut de Gendarme-Major malgré son étincelante intelligence qu'on croyait prometteuse d'un avenir tout aussi radieux, je me suis dit qu'il l'aurait consentie à la conquête de HADJA ZARA, sa dulcinée. Et si tel en avait été le cas, ça en aurait valu la peine. Un homme peut tout perdre dans sa vie, mais on m'a toujours dit qu'aimer une femme est la meilleure chose qui puisse lui arriver. Alors, je ne me lamentais plus trop du sort du Premier, car en décrochant le cœur de l'angélique HADJA ZARA, il avait décroché la lune. Je me disais que si mon ancien camarade ne nous parlait qu'à peine à la maison, c'était parce qu'il pensait à sa copine ou tout simplement parce que nous étions moins belles que celle-ci.

Pourtant, Delphine était devenue très épanouie, malgré le fait que le médecin avait demandé à ce que nous attendions la période de trois mois pour confirmer que ses tests étaient décidément négatifs. Le Premier se contentait de faire son travail et de ne répondre que très vaguement et succinctement aux questions que nous lui posions. Son mutisme avait finit par attirer l'attention de Nicole qui, par curiosité se rapprochait de plus en plus de lui. Toutefois, nous remarquions que seule la présence de HADJA ZARA permettait à mon ancien camarade de sortir de sa coquille. Je lui avais demandé s'il ne se sentait pas à l'aise par notre compagnie, mais il me rassurait tout le temps que tout marchait à merveille. Cependant, lorsque j'évoquais nos souvenirs du lycée, il ne me faisait qu'un sourire sans expression ou de dire tout simplement son « Ah ça c'était avant ». Eric TCHOUNKEU avait changé, presque complètement. Il buvait, il fumait, il était timide,...Qui l'eut cru ? Qui ? Au lycée, lorsque ce garçon n'était pas en classe, le professeur procédait immédiatement à l'appel nominatif, car son absence donnait l'impression qu'une vingtaine d'élèves manquait. Malgré son activisme en classe, jamais il ne s'associait aux alcooliques ou aux toxicomanes, encore moins aux adeptes des amours par fricotage sur les bancs publics. Mais en ce temps, tout avait changé. Je comprenais le rejet de Nicole des « hommes en tenue ».

Un soir de notre quatrième semaine ensemble, nous achetâmes une bouteille de whisky et nous appelâmes Le Premier à venir nous joindre. Il but un premier verre à la trompète. Puis, à la moitié du second, un débat éclata fortuitement entre Nicole et lui au sujet de l'attitude peu élogieuse des « hommes en tenues ».

- Ecoute ma sœur, dit-il, lorsque je me rends compte qu'une personne rejette un militaire, je suis tellement amusé que j'ai envie de m'enrouler par terre. Car elle me paraît si naïve que je ne sais quoi lui dire. Surtout, dans notre société actuelle, l'on assimile vite l'opportunisme à un véritable précepte de grandeur. Puis c'est lâche de dire tout simplement : « ils sont des imbéciles, les militaires ». Car ces imbéciles d'aujourd'hui furent vos frères d'hier, vos camarades, vos cousins qui vendaient de l'eau glacée, bien qu'ayant obtenu une licence ou un Master dans nos facultés et autres. N'en trouve-t-on pas à l'heure où nous parlons au rond point de la poste centrale à Yaoundé ?! Ignorez-vous la problématique de l'emploi des jeunes dans notre pays ? Quel rapprochement faites-vous entre l'emploi que l'on exerce, le rang que l'on y occupe et sa valeur personnelle ? Dès qu'on nous voit, on nous a déjà classé et qualifié comme des individus au bas de l'échelle. Pourquoi cela hein ?

- C'est à cause de ce que vous faites mon cher ami !

- Non ! Pas toujours car des actes isolés de quelques brebis galeuses, on en trouve dans tous les corps de métiers. C'est vraiment embêtant cette façon de stigmatiser des gens. Ne vous posez donc pas la question de savoir pourquoi nous fumons et buvons presque tous !

Delphine et moi regardions les deux jeunes gens discuter, sans intervenir. J'étais contente de voir Le Premier s'ouvrir à nous, enfin.

- Ecoutez mesdemoiselles, continua Le Premier. Je n'ai pas envie d'entrer dans quelques détails mais daignez intégrer en vous l'idée que c'est la société qui nous doit, c'est elle qui est barbare, car c'est elle qui a « détruit » vos camarades, frères, cousins, oncles, amis d'hier par ses propres turpitudes et pour sa seule cause égoïste. Vous êtes mieux placées pour nous expliquer les propos de ROUSSEAU quant à la corruption qu'exerce la société sur un homme foncièrement né bon ! Seulement, si vous voulez persister dans votre arrogance et votre rejet, je vous exprimerais ma désolation. Vous êtes très belle ma chère Nicole, un peu trop belle pour être naïve. Alors revenez sur terre et laissez les préjugés de coté avant de dire votre sentence sur quelqu'un. Paule Milène ZOE ONGUENE est une ancienne camarade, elle me connait et c'est sans commentaire pour moi. Je vis et je ne regrette pas d'avoir intégré l'armée avec un BEPC après avoir obtenu une pauvre Licence en Sciences Economiques. Ne soyez pas naïves je vous en prie ; parce nous savons tous ce qu'il faut être et ce qu'il faut faire dans notre société pour intégrer le monde de l'emploi. ZOE, te souviens-tu encore du livre du sud-africain André BRINK intitulé *Une saison blanche et sèche* que nous avons lu en classe de Première ?

- Oui oui, répondis-je précipitamment.

- Hé bien il y est écrit que « *ce ne sont pas les aspects de surface qui importent, mais les relations qui se dessinent sous cette surface* ». Je crois être correct !

- C'est toi qui me rappelle cette citation qui nous permettait notamment d'aborder la problématique du réel et de la fiction dans les œuvres littéraires, Le Premier. Bah tu restes vraiment Le Premier.

- Bah ça c'était avant. Maintenant, je suis le dernier et désormais à chaque fois que tu m'appelleras encore ainsi, je te répondrai « devenu dernier » car c'est ce que vous voulez me faire savoir.

Nous éclatâmes de rires avec lui, puis bûmes tous une gorgée de whisky pendant que Nicole faisait la moue d'un champion du monde de boxe qui tentait de se relever après être tombée au premier crochet de son adversaire classé au deux centième rang dans la même discipline.

- Non mais voyons ma chère Nicole, reprit Le Premier, comme le disait encore Martin Luther KING, « *Nous avons tendance à mesurer la réussite à l'importance de notre salaire ou à la grosseur de nos voitures plutôt qu'aux liens que nous cultivons avec les autres.* » Pourtant, nous devons former une nation forte, fondée sur les idéaux de loyauté, de civisme et de paix ! Et, à chaque fois que je pense à ce qui tend à biaiser la visibilité de notre cher et beau pays aujourd'hui, je me demande quand, comment et par qui le faux est entré dans notre ADN. Car hier cela n'en était pas le cas. Celui qui volait ou corrompait connaissait le camp de fusillade du quartier Madagascar à Yaoundé et la prison de Kaélé. Mais de nos jours, une sorte d'ultralibéralisme entrainant le libertinage laisse les portes grandement ouvertes au vol et à toute sorte de déviances morales. Je me demande si les organisateurs de ces faits ne le savent pas ou s'ils laissent les crises sociales survenir à dessein à cause de leurs égocentrismes. Comme disait Daniel ETOUNGA MANGUELE, « *on a l'impression que les structures mentales de certaines personnes se bloquent une fois qu'une brèche s'est ouverte dans leur vie* ». Ne soyez pas de ces personnes-là, je vous en prie mes sœurs.

Il marqua un court moment de silence pendant que nous l'écoutions dans ses allures de pédagogue.

- Maintenant peux-tu encore avoir quelque chose dans tes marmites ma petite Delphine ? J'ai le ventre creux.

- Oui tonton Le Premier répondit Delphine.

- Devenu dernier, dit-il.

- Ha haha éclata Nicole qui chuchotait tantôt dans mon oreille : « c'est vraiment Le Premier ».

Pendant que Delphine déposait le repas sur la table, je demandai au Premier :

-S'il te plait mon cher Premier (devenu dernier, ajouta-t-il), parle nous un peu de ta copine, la sublime HADJA ZARA. Où vous-êtes-vous rencontrés, c'est pour quand le mariage,... ?

- Bah Paule Milène ZOE ONGUENE ! Toi tu ne changeras jamais !

- Alors vas-y Le Premier, dis-nous ! Insistai-je.

- Devenu dernier, reprit-il avant de soupirer profondément.

Ensuite, il avala une bouchée de poisson à l'igname, s'adossa sur son siège, croisa les bras après avoir déposé la cuillère et la fourchette sur le plat puis croisa ses pieds. Ensuite, il nous regarda tour à tour et dit :

- Ecoutez les amies, je suis encore en train d'attendre la rencontre d'une fille que je pourrais épouser ; celle-là qui me fera dénouer avec la cigarette, diminuer ma consommation d'alcool et me faire évoluer dans la vie par la magie de l'amour. Car je vous assure que jusqu'à preuve du contraire, la messe n'est pas encore dite.
- Veux-tu être polygame ? Demanda Nicole.

- Non mademoiselle. En effet, HADJA ZARA n'est pour moi ni copine, ni quelque autre type d'affinité amoureuse que se soit.

- Alors qui est-elle en réalité ? Demandai-je encore.

- J'ai rencontré cette fille dans la ville de Mora, à l'extrême-nord lors d'une distribution de denrées alimentaires aux déplacés internes comme on le fait habituellement ici avec vous. Alors HADJA ZARA était venue avec sa mère et ses petits-frères et sœurs parmi le millier de personnes qui sollicitaient de l'aide. Malheureusement pour eux, personne n'avait de carte nationale d'identité, donc leurs noms ne figuraient sur aucune liste.

J'étais le chef d'équipe pour mettre la sécurité dans la place et assurer l'ordre lors de la distribution. J'avais pour collaborateurs directs monsieur le deuxième adjoint préfectoral et madame le chef de mission humanitaire. Naturellement, je fis un cordon de sécurité où je plaçai mes hommes aux différentes entrées du dispositif en y associant les membres des comités de vigilance des différentes localités concernées.

En donnant les ordres à quelques éléments placés à l'une des entrées, mon regard croisa de plein fouet celui de HADJA ZARA qui était entourée des siennes. Ce fut un véritable feu d'artifice, je vous le jure. Elle était aussi éblouissante que pendant un moment, je perdis toute la flexibilité de mon corps qui s'endurcit comme le monument de Charles ATANGANA. Je n'avais jamais vu une aussi merveilleuse créature humaine. Vous la trouvez peut-être belle maintenant, mais je vous assure qu'à l'époque, elle n'avait que dix huit ans et elle défiait un ange. Cependant, je n'arrivai à sortir le moindre mot car je n'en trouvais pas. En la regardant, je me sentis isolé dans un monde étrange, comme par hallucination. J'étais abasourdi.

Durant toute l'opération, je rodais autour de HADJA ZARA et, lorsque je la perdais de regard, je m'affolais à vite la retrouver. Elle aussi avait compris que j'étais déjà envoûté par son charme et elle me faisait savoir par ses manières et son regard qu'elle communiquait avec mon esprit et qu'elle était consciente de ne pas devoir me faire trop de peine. Elle savait fort heureusement que j'avais une bonne parcelle de pouvoir pour la circonstance. Alors, elle croyait qu'elle pouvait compter sur moi pour obtenir ce qu'elle désirait. Seulement, ayant l'obligation de respecter sa mère, je m'abstins de l'aborder pendant qu'elles étaient ensemble.

- Et qu'as-tu finalement fait ? Demanda Nicole, plus qu'intéressée par l'histoire.

- Bah je suis resté patient et optimiste. Etant donné qu'il n'était que dix heures du matin, je me suis dis que la journée était encore longue et que j'avais toute ma chance de l'avoir. HADJA ZARA observait comment les gens me courraient après pour me demander de l'aide et comment j'étais estimé de mes collaborateurs subalternes et supérieurs. Alors elle était convaincue que j'étais l'homme providentiel pour l'aider, elle et sa famille. Mais comme vous le savez, les femmes, lorsqu'elles sont belles, même à trois ans, elles connaissent leur potentiel et savent que si la nature les a fait ainsi, c'est qu'il ya des faveurs qu'elles méritent tout naturellement aussi. Même dans l'ultime besoin, elles s'arrangent à ne pas trop se casser la tête.

HADJA ZARA me surveillait et je surveillais HADJA ZARA. Chacun de nous trouvait une bonne raison de nouer ce contact silencieusement spectaculaire. Ce scénario de contrôle réciproque me réjouissait car j'étais certain qu'elle avait compris l'intérêt de ne pas disparaître de ma vue. C'était pour moi, une première bataille gagnée. Il restait maintenant de gagner toute la guerre. Lorsque je faisais semblant de ne pas la regarder, je la voyais se tordre le cou à trois cent soixante degré pour me repérer à travers la foule. Puis, l'un de ses petits-frères l'orientait par l'index vers ma position.

A un moment donné, je m'éloignai de l'entrée où elle était pour repositionner mes éléments à une autre, puis repousser la foule qui tentait de déborder les limites. Subitement, je la vis. Elle était si facile à distinguer qu'on dirait une étoile dans les ténèbres. Alors je ne pu me retenir. J'allai vers elle et l'abordai :

- Salut ma belle ! Comment vas-tu ?

- Ça va cef, répondit-elle avec enthousiasme. S'il te plait nous voulons du riz et de l'huile. Ma mère et moi n'avons pas nos noms sur les listes, mais tout le monde a faim à la maison ! Pardon cef ! Pardon !
- D'accord d'accord ma belle. Je ferai quelque chose pour vous car tu sais que tu es très belle et je veux t'épouser.
- D'accord du riz s'il te plait cef !
- J'ai compris ma belle ! Dis-moi comment t'appelles-tu ?
- HADJA. HADJA ZARA.
- Okay appelle-moi plutôt Fabrice.

J'avais très vite compris par la piètre qualité de son français qu'il n'aurait valu aucune peine de faire de la poésie pour lui faire la cour. C'est pour cela que j'avais utilisé la manière la plus directe et la plus explicite. Fabrice est souvent mon prénom des situations, je pense que vous comprenez !

- Vas-y racontes ! S'exclama Nicole, l'air jalouse.
- Je demandai à HADJA ZARA d'aller m'attendre près de sa mère à l'entrée où je l'avais préalablement vue afin que je lui fasse signe le moment opportun. Immédiatement, je me rapprochai du chef de mission humanitaire pour lui demander si elle pouvait extirper un sac de riz, un bidon d'huile et un sac de haricot de ce qu'ils avaient prévu pour nous motiver. Hélas, la dame me fit comprendre que notre motivation en denrées alimentaires ne serait disponible qu'en fin de journée. J'allai expliquer cela à HADJA ZARA tout en la rassurant. J'en profitai pour prendre son numéro de téléphone. Elle me le donna sans hésitation.

....

En fin de journée, je présentais les denrées alimentaires à HADJA ZARA dans une chambre d'auberge. Elle n'en semblait pas surprise. Je la trouvai encore plus ravissante car entre temps, elle était allée prendre une douche et s'était embaumée de maquillage et de parfum, à la belle arabe. Sans plus tarder, nous nous retrouvâmes au lit.

- Mais tu disais tantôt qu'elle n'était pas ta copine Le Premier ! Surgit Nicole. Tu vois donc que tu ne nous dis pas la vérité et c'est pour ça qu'on dit que vous n'êtes pas sérieux !
- Laisse-moi continuer si tu veux bien comprendre ma belle ! Reprit Le Premier.
- Vas-y nous t'écoutons.
- Nous nous retrouvâmes donc effectivement...au lit et mes doigts commencèrent à valser le long de son corps voluptueux. Mon sang bouillonnait au point où j'avais déjà perdu la moitié de ma raison. J'avançais tinki tinki comme beau lutteur noir et HADJA ZARA ne m'opposait aucun véto. Cependant, je lisais sur son visage l'expression que nous n'étions absolument pas sur la même longueur d'onde. Cela me refroidissait car je me sentais ridicule et coupable. J'étais conscient que dans des conditions normales, je ne pouvais pas effleurer le corps de cette sublime fille, en tout cas pas si facilement. Lorsqu'elle se rendit compte de mon refroidissement, elle me dit :

- Tu sais Fabrice, je t'ai beaucoup observé en journée et je crois sans risque de me tromper que tu es un agréable garçon.

Je la laissai complètement d'un coup, toute ma raison étant revenue. Je m'assis sur le lit en m'adossant au chevet et lui dis :

- Vas-y HADJA, je t'écoute !
- J'ai observé ton attitude et combien de fois tu as aidé les gens aujourd'hui, continua t-elle. Alors je crois que des personnes comme toi sont rares de nos jours. De ce fait, si tu peux oublier le sexe pour cet instant, j'aurais davantage de considération pour toi. Mais si tu insistes, vas-y ! Voici mon corps ! Prends ça ! Je suis venue pour te donner ça et rentrer avec les denrées que tu viens de me présenter.

Je respirai profondément, observai le sérieux qui se dégageait de ce mélange de Français et de Mafa[22] qui sortait de la bouche de cette jeune fille incroyablement pertinente.

...Je m'attendais à ça, continua t-elle sereinement, et je me suis préparée moralement en conséquence car comme je te le disais en journée, ma mère et mes cadets n'ont rien à mettre sous la dent. Donc, en quittant la maison ce matin, ils croyaient en moi et ils savent qu'en toute situation, je suis capable de faire un miracle pour leur pourvoir de quoi vivre. Je suis habituée à ça d'ailleurs. Je suis née d'une famille de misère et ça n'a pas encore changé. Mon père, pauvre cultivateur ne m'avait jamais inscrit à l'école. Je ne sais rien de ce que c'est qu'une salle de classe. Ma mère quant à elle n'est qu'une ménagère qui consacre toute sa vie pour élever ses enfants. Encore faudrait-il mentionner qu'elle est dans un foyer polygamique où elle ne reçoit aucune faveur de son époux.

Depuis l'âge de six ans, j'avais été initiée à l'élevage des chèvres. Je marchais toute la journée derrière mon petit troupeau de chèvres, au point où nous sentions déjà la même odeur. Mes bêtes et moi communions. En journée, j'étais avec elles, en train de marcher ou assise sous un arbre avec un bâton pour les paître ou se reposer simplement. Les écoliers me passaient à l'aller et au retour, sans même me saluer, car je semblais être plus proche des bêtes que des autres enfants du village. Je n'avais même pas le droit d'être malheureuse parce que si je pensais pouvoir être une autre personne, je me ferais juste du mal pour rien. Alors je me consolais avec mon petit chant que j'avais composé de ma propre inspiration et je le chantais à chaque fois que je me reposais sous un arbre avec une bouteille d'eau autour de laquelle j'avais attaché une épaisse couche de tissus mouillé afin de conserver la fraicheur de l'eau.

Fabrice j'avais grandi avec mes bêtes et bizarrement, je les aimais au point où j'attribuais un nom à chacune d'elle. L'un des plus horribles souvenirs de ma vie reste le jour où la capricieuse Bintou tomba dans un puits et mourut. Je sortais avec elles en matinée ; nous marchions, nous nous reposions vers midi où elles pouvaient s'abreuver puis nous recommencions la marche jusqu'à la tombée de la nuit. Ce n'est qu'à ce moment-là que j'avais le droit de retourner à la maison.

Maman me gardait du couscous de mil rouge déjà refroidi et devenu aussi dur qu'un caillou que je mangeais avec du foléré[23]. Mais ce n'était pas de sa faute, c'était celle de mon père car ma mère aurait aimé que je fusse revenue à la maison plus tôt, mais si je l'aurais fait, je serais morte de bastonnade et la pauvre n'en aurait pas été épargnée. De ce fait, j'obéissais aux instructions de mon père d'élever les chèvres jusqu'à l'âge de douze ans.

- Et par la suite, t'a-t-elle dit qu'elle est finalement allée à l'école ? Demandai-je au premier.

- Elle a continué à me raconter :

... A l'âge de douze ans, lorsque je commençais à avoir de petits seins, mon père m'envoya en mariage chez un riche commerçant. Celui-ci avait déjà trois femmes parmi lesquelles il y avait deux aînées à ma mère. Lui-même avait soixante deux ans à l'époque. Ma mère avait été muselée et anéantie. Par conséquent, je suis allée en mariage par force et précocement.

Y étant, je ne savais même pas de quoi il s'agissait car je ne savais rien dans la vie, encre moins en matière de mariage. Cependant, je m'y retrouvais par la volonté cynique de mon père. Je n'osais pas imaginer ce qu'on avait pu lui donner pour qu'il me sacrifie de la sorte. Toutefois, je croyais que le vieil homme qui se disait être mon époux me laisserait du temps pour grandir et apprendre à être femme auprès de la doyenne d'âge parmi ses épouses, comme on me le promettait, mais il ne l'avait pas fait. Au contraire, non seulement le fait que ces mamans qui avaient des enfants de plus de vingt ans pour la majorité avaient véritablement sorti toutes leurs griffes de coépouses à mon arrivée, mais aussi le vieil homme m'avait déjà réservé un appartement isolé où il avait mis tous les équipements que devait utiliser une femme toute faite.

Pendant un mois dès mon arrivée, il avait presque abandonné toutes ses autres épouses, j'allais dire ses véritables épouses pour passer toutes les nuits avec moi. Que n'ai-je pas subi ! Il me violait tous les jours, prétextant qu'il me faisait l'amour, parce qu' « un homme fait toujours l'amour à sa femme », disait-il. Je criais, je me battais, je pleurais, mais il en était absolument indifférent et imperturbable. On dirait qu'il s'était réincarné un esprit animal et qu'il hypnotisait le voisinage. Tous les jours, c'était la même chose. J'ai vécu un calvaire que je ne souhaiterais à aucune autre femme au monde. Tous les jours, je voyais mon sang à cause d'un monstre à qui m'avait livré mon propre père. Au bout de trois ans, j'ai fait deux fausses couches car mon bassin n'était pas encore capable de supporter un accouchement, malgré toutes les décoctions naturelles que les gens me faisaient avaler.

Lorsque je me retrouvais toute seule, je me rappelais mon petit chant derrière mes chèvres et je chantais :

Qu'as-tu fait pour mériter ça HADJA ZARA ?

Qui colorera ton ciel pauvre fille ?

Que deviendras-tu dans la vie HADJA ZARA ?

Quel avenir pour toi et ta famille ?

Quel sort pour toi et ta progéniture HADJA ZARA ?

La cinquième année, j'ai pris fuite et je suis retournée chez ma mère. Mon bourreau d'époux était allé menacer mon père pour qu'il lui rembourse la dot, mais ce dernier n'en avait plus. Alors j'ai été forcée à repartir en mariage. Un mois plus tard, j'ai à nouveau pris fuite, puis ma mère et moi sommes parties du village dans la nuit pour venir ici au même moment où la guerre de Boko Haram éclatait. Mes frères et sœurs nous ont également suivis. Donc à vrai dire, nous ne sommes pas des déplacés comme les autres. Nous sommes des déplacés à caractère spécial, des déplacés sexuels ha ha ha. Dans la précipitation et la panique, ma mère n'a pas pu prendre sa carte nationale d'identité et c'est pour cette raison que notre famille n'a pas été enregistrée sur vos listes. C'est pour cela que nous sommes venus tous désemparés à la distribution des denrées, dans l'espoir qu'une âme de bonne volonté nous aiderait. Et moi, je suis notre fer de lance. Ma mère compte sur moi et quelque soit ce que je ferais avec un jeune gendarme pour nous permettre de vivre, ce serait moins grave que d'être forcée au mariage avec un vieil homme et à être sexuellement abusée tous les jours.

- Nom de Dieu ! Quelle histoire mon cher Premier ! Criai-je.

- Qu'as-tu fait par la suite ? As-tu continué à la caresser ? Avez-vous fini par faire la chose ? Demanda Nicole qui dévoilait décidément ses indiscrétions sentimentales.

- Tu m'arraches un rire ma chère Nicole. Bien évidemment non et j'espère que cela t'arrange. Ma moralité ne me permet pas d'abuser une femme de la sorte. Car vois-tu, HADJA ZARA avait du mal à me dire clairement que, entre abus et exploitation sexuelle, elle préférait l'exploitation. Pourtant, tous sont des formes de violences liées au sexe. J'avais tout simplement dit ma désolation à HADJA ZARA et je lui avais donné un sac de riz de plus ainsi que toutes les autres denrées que j'avais eues, car celles-ci ne nous servaient le plus souvent qu'à faire de petites affaires pour boire une bière le soir. J'avais décidé de m'en passer.

J'avais juré à HADJA ZARA que je la soutiendrais toute ma vie. La fin du mois qui suivait, je l'ai fait venir à Maroua où j'étais basé à l'époque pour lui donner la somme de cinquante mille francs pour qu'elle ne marche plus avec le petit plateau de poisson fris qu'elle vendait. Je lui ai donné cet argent pour qu'elle se stabilise car en marchant partout, elle courrait le risque d'un autre viol.

Aujourd'hui, elle s'est déportée à Maroua avec sa mère et ses cadets. Son commerce a évolué d'un tourne dos à un véritable restaurant. Ses cadets sont écoliers pour les uns et lycéens pour les autres. Sa mère lui donne tout son soutien ainsi que ses petits frères et sœurs. Partout où je vais, elle me suit et c'est parce que je l'oblige à rentrer qu'elle retourne faire son commerce. HADJA ZARA est donc ma sœur adoptive. Lorsque j'ai un souci, c'est à elle que je me confie et vice versa. C'est elle qui touche ma solde lorsque je suis en mission en postes avancés et c'est elle qui gère mes projets. Je suis son grand-frère adoptif et notre relation est strictement fraternelle, je vous le jure. Si un homme va voir sa mère pour l'épouser, celle-ci le renvoie vers moi. Seulement, elle a toujours besoin de beaucoup de soutien pour tourner la page du passé et croire en son avenir et en sa réussite. Dans la vie, il faut savoir s'élever et mettre les valeurs au dessus de ses pulsions. Il n'y a rien de plus beau qu'une amitié vraie et désintéressée.

- Sais-tu Le Premier, tu restes un grand garçon, dit Nicole. Bravo ! Je te crois et je crois en tout ce que m'a dit Paule à ton sujet. Je suis désolée pour mon indifférence à ton égard. Vraiment. Car nous menons le même combat. Tu es « l'homme qui répare les femmes » comme chantait quelqu'un. A partir de ce soir, j'aurai une autre considération de vous et saches à présent que tu es notre coéquipier. Si ta sœur adoptive a un souci de femme, n'hésite pas de nous le dire.

- N'hésite pas, approuvai-je.

- Merci à vous, dit Le Premier. C'est avec plaisir que je vous garde car lorsque j'ai entendu l'histoire de Delphine, j'ai tout de suite pensé à ma sœur adoptive et à toutes nos sœurs qui subissent la violence liée au sexe. Je ne pouvais pas en être indifférent.

EPILOGUE

« Ce que femme veut, Dieu le veut. » Voici une expression pleine de sagesse et de grâce pour montrer l'attention et l'intérêt qui doivent être portés au genre féminin. La violence liée au sexe est en même temps illégale, immorale et insensée. Changeons donc de mentalités en respectant l'intégrité physique et morale de nos mères, sœurs, épouses, filles et amies. Dès que cela sera fait, nous mènerons une vie pleine de grâce, de justice et de paix.

De même, réalisons que l'égocentrisme, l'individualisme, l'incivisme et les clivages sociaux de toutes sortes forment une bombe à retardement dont les prémices que nous ressentons nous causent déjà assez de griefs. Ayons donc le courage de briser les barrières et de changer la physionomie de notre société qui mérite, au vue des expériences actuelles, une meilleure dynamique philosophique fondée sur les vraies valeurs morales à partir desquelles nous restaurerions la paix et la dignité auxquelles nous devons sans cesse aspirer, dans le sens d'une coexistence harmonieuse et pacifique qui soit différente de la simple juxtaposition des individus et des communautés qui montre déjà toutes ses limites et ses leurres.

Six mois après qu'Eric TCHOUNKEU, « Le Premier » ait raconté le récit de HADJA ZARA, sa sœur adoptive, il s'est retrouvé dans le petit snack bar de l'autre fois où il a remis une bague de fiançailles à Nicole TSAFACK au compte d'une promesse de mariage, en présence des témoins, leurs coéquipières Paule Milène ZOE ONGUENE, HADJA ZARA et Delphine ZOUGA. HADJA ZARA qui est particulièrement partie de Maroua pour Kenzou pour l'occasion a remis à sa « belle-sœur adoptive », un pagne en guise de félicitations. Elle retournera mener son commerce demain lundi matin car dans la foulée, elle s'est inscrite aux cours du soir. Elle est déterminée à colorer son ciel grâce à son frère adoptif. Pour sa part, depuis que SALEO Dominique, EFOULA Brice et leurs acolytes ont été transférés en prison après une opération menée par le corps d'élite de la Gendarmerie, opération à laquelle a participé Eric TCHOUNKEU, Delphine ZOUGA est toute joviale. Ceci, d'autant plus que les Nations Unies ont réagi favorablement pour la prise en charge de ses études. De surcroît, tous ses tests ont décidément été tous été négatifs !

LEXIQUE DES EXPRESSIONS ET MOTS DIFFICILES :

1- **Baka** (page 3) : encore appelée Pygmée, cette ethnie nomade reconnue comme la première à franchir le Cameroun est retrouvée dans les forets de l'Est et au Sud. Elle est constituée d'hommes et femmes de courte taille, vivant en principe de la chasse et de la cueillette et doués pour le maraboutage.

2- **Têtes brulées** (page 5) : Célèbre groupe de musiciens camerounais reconnus pour leur parfaite maitrise de la guitare au rythme Bikutsi dans les années 80 sous la houlette de Jean Marie AHANDA et de EPEME Théodore (ZANZIBAR).

3- **Mendim Mezong** (page 6) : Thé naturel fait à base d'aubergines et d'écorces.

4- **Bulu** (page 6) : ethnie majoritaire du Sud Cameroun faisant partie du peuple Béti.

5- **Ntoo ntoo maama a mon wom** (page 6): que toute grâce te soit donnée mon enfant (bulu).

6- **Ngomna**(page 12) : Gouvernement (bulu)

7- **B.E.P.C** (page 13): Brevet d'Etudes du Premier Cycle.

8- Kpem (page): Soupe faite à base de feuilles de manioc (bulu)

9- Matango (page 12): vin blanc de palme.

10- **ENAM** (page 12): Ecole Nationale d'Administration et de Magistrature.

11- **Mot wom** (page 16): Ma personne (bulu)

12- Kenzou (page 20): Localité située à l'Est du Cameroun abritant un camp de réfugiés centrafricains.

13- **Minawao** (page 20) : C'est sans doute le plus grand camp de réfugiés au Cameroun. Il accueille en majorité les nigérians.

14- **Ntolo** (page 22) : Amende payée en début d'année par les neveux chez les bantous.

15- **Miahpage** (23): Gendre

16- **Carlotte DIPANDA** (page 34): célèbre Artiste musicienne camerounaise.

17- **Allahru** (page 37): Pénitence imposée aux enfants musulmans au cours de laquelle ceux-ci sont conviés à un guide spirituel loin des familles.

18- **Père Geoges Vandenbauch** (page 40) : Prêtre enlevé à l'Extrême-nord du Cameroun par les membres de la secte terroriste Boko Haram le 13 Novembre 2013.

19- **Mafa** (page 41): Langue du département du Mayo Sava à l'Extrême –nord du Cameroun.

20- **Foléré** (page 64): plante consommée dans la zone sahélienne du Cameroun (en majorité) et partout dans le pays servant également à préparer du jus naturel.

Printed by Books on Demand GmbH, Norderstedt / Germany